学ぶ人は、
変えてゆく人だ。

目の前にある問題はもちろん、
人生の問いや、
社会の課題を自ら見つけ、
挑み続けるために、人は学ぶ。
「学び」で、
少しずつ世界は変えてゆける。
いつでも、どこでも、誰でも、
学ぶことができる世の中へ。

旺文社

はじめに

「ここ、きらいだな…」「わからないからやりたくないなあ…」みなさんには、そういった苦手分野はありませんか。

『高校入試　ニガテをなんとかする問題集シリーズ』は、高校入試に向けて苦手分野を克服する問題集です。このシリーズでは多くの受験生が苦手意識を持ちやすい分野をパターン化し、わかりやすい攻略法で構成しています。攻略法は理解しやすく、すぐに実践できるように工夫されていますので、問題を解きながら苦手を克服することができます。

高校入試において、できるだけ苦手分野をなくすことは、とても重要なことです。みなさんが入試に向けて本書を活用し、志望校に無事合格できることを心よりお祈りしています。

旺文社

目次

古文編

漢文編

詩・短歌・俳句編

番外編

付録

覚えよう

［出典の補足］
２０１２年埼玉県… P.25 大問１

編集協力：湯川善之（有限会社マイプラン）
装丁デザイン：小川純（オガワデザイン）
装丁イラスト：かりた
本文デザイン：浅海新菜　小田有希
本文イラスト：ヒグラシマリエ
校正：杉山泰充（ことば舎）　宮川咲

本書の特長と使い方

本書は、高校入試の苦手対策問題集です。受験生が苦手意識をもちやすい内容と、それに対するわかりやすい攻略法や解き方が掲載されているので、無理なく苦手を克服することができます。

■ニガテマップ

国語のニガテパターンとその攻略法が簡潔にまとまっています。ニガテマップで自分のニガテをチェックしてみましょう。

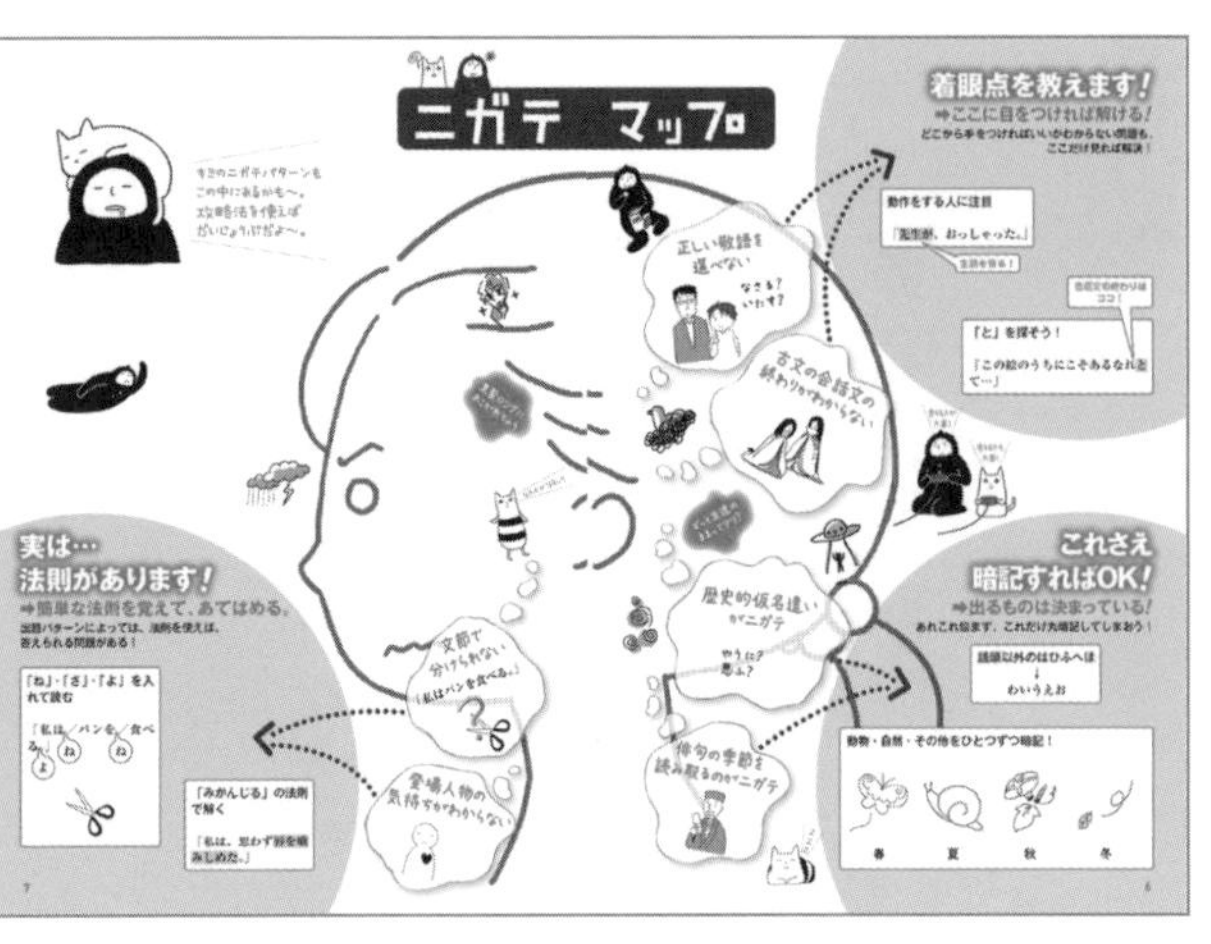

■解説のページ

例題とその解き方を掲載しています。

ニガテパターン
受験生が苦手意識をもちやすい内容で単元が構成されています。

攻略法
ニガテパターンに対する攻略法です。苦手な人でも実践できるよう、わかりやすい攻略法を掲載しています。

こう考える
攻略法を使って、例題の解説をしています。

この手順で解く
攻略法を使った解き方の手順を示しています。

ココは覚える
解説の中で覚えておくべき内容をまとめています。

裏ワザ
問題を解く上でのテクニックを掲載しています。

わからなかったら暗記
攻略法がわかりづらい場合は、これだけ暗記しておけば大丈夫です。

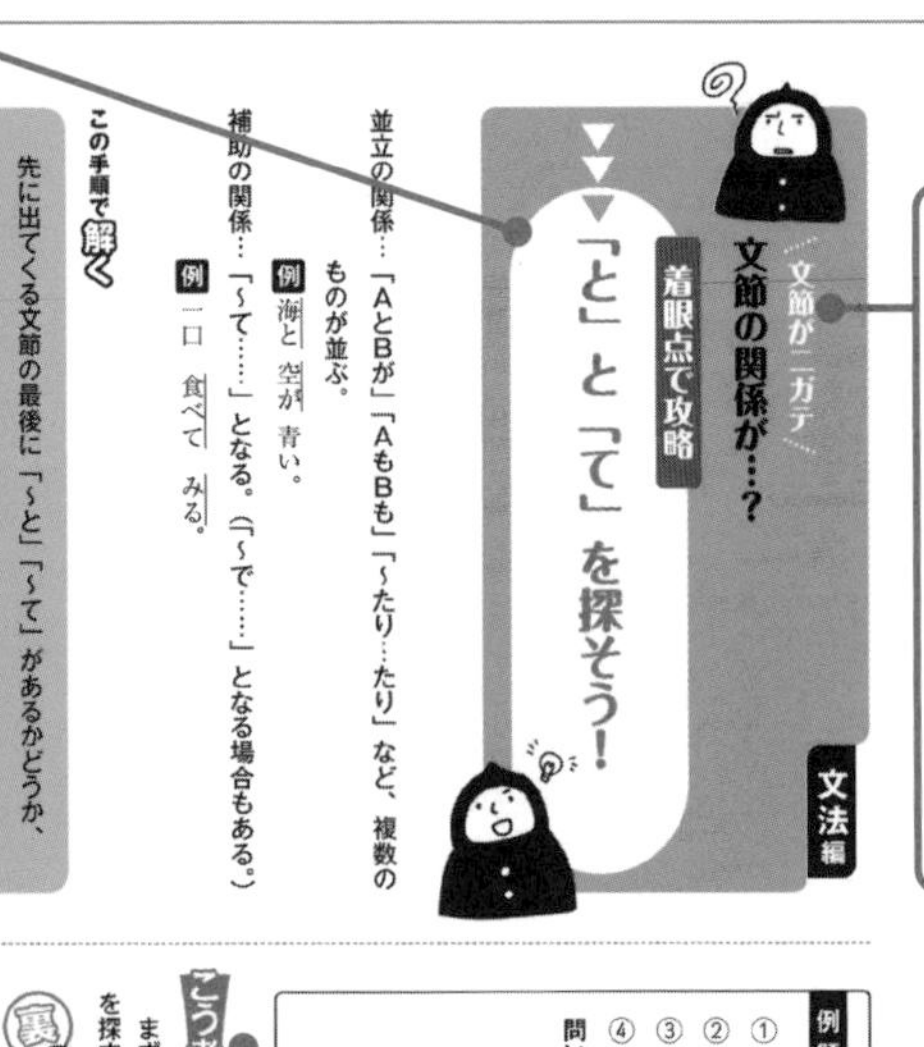

文法編

文節が二ガテ 文節の関係が…?

着眼点で攻略 「と」と「て」を探そう!

並立の関係…「AとBが」「AもBも」「〜たり…たり」など、複数のものが並ぶ。

例 海と 空が 青い。

補助の関係…「〜て……」となる。(「〜で……」となる場合もある。)

例 一口 食べて みる。

この手順で解く

先に出てくる文節の最後に「〜と」「〜て」があるかどうか、確かめる。

「と」なら並立の関係、「て」なら補助の関係と覚えよう!

例題

① 女の子が 歩いて いる。

② 彼は 図書館に 行った。

③ さわやかな 風が ふいた。

④ 子供には 希望と 勇気を 持って ほしい。

問い ①〜④の——線部の文節と文節の関係を、次から選び、記号で答えなさい。

ア 主語・述語の関係
イ 修飾・被修飾の関係
ウ 並立の関係
エ 補助の関係

こう考える

まずは「〜と…」と「〜て…」に着目して並立の関係と補助の関係を探す。

裏ワザ 〈「と」と「て」以外の並立の関係〉

「並立の関係は前後を入れ替えても文の意味が変わらない」ということを覚えておこう。

例 海と 空が 青い。 = 空と 海が 青い。

これを覚えておけば、他の形の並立の関係にも対応できる。

例 見たり 聞いたり する。 = 聞いたり 見たり する。

答え ① エ ② ア ③ イ ④ ウ

12

■入試問題にチャレンジ

実際の入試問題を掲載しています。

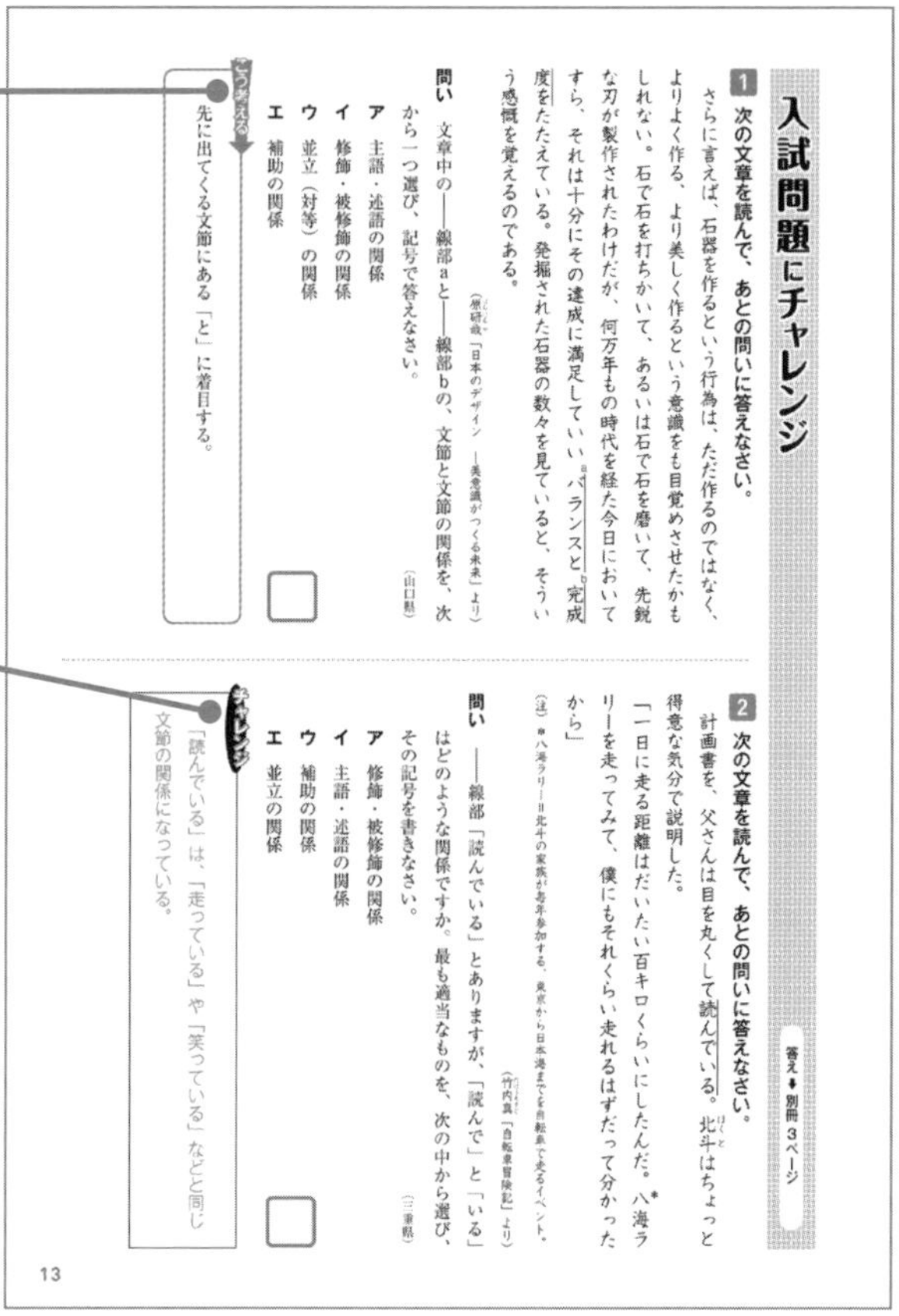

こう考える 問題を解くにあたってのヒントです。

チャレンジ 少し難しい問題についています。

入試問題にチャレンジ

答え➡別冊3ページ

1 次の文章を読んで、あとの問いに答えなさい。

さらに言えば、石器を作るという行為は、ただ作るのではなく、よりよく作る、より美しく作るという意識をも目覚めさせたかもしれない。石で石を打ちかいて、あるいは石で石を磨いて、先鋭な刃が製作されたわけだが、何万年もの時代を経た今日においてすら、それは十分にその達成に満足していい^{a}バランスと^{b}完成度をたたえている。発掘された石器の数々を見ていると、そういう感慨を覚えるのである。

（原研哉「日本のデザイン ―美意識がつくる未来」より）

問い 文章中の――線部aと――線部bの、文節と文節の関係を、次から一つ選び、記号で答えなさい。（山口県）

ア 主語・述語の関係
イ 修飾・被修飾の関係
ウ 並立（対等）の関係
エ 補助の関係

こう考える 先に出てくる文節にある「と」に着目する。

2 次の文章を読んで、あとの問いに答えなさい。

計画書を、父さんは目を丸くして読んでいる。北斗はちょっと得意な気分で説明した。

「一日に走る距離はだいたい百キロくらいにしたんだ。八海ラリー*を走ってみて、僕にもそれくらい走れるはずだって分かったから」

（竹内真「自転車冒険記」より）

（注）*八海ラリー＝北斗の家族が毎年参加する、東京から日本海までを自転車で走るイベント。

問い ――線部「読んでいる」とありますが、「読んで」と「いる」はどのような関係ですか。最も適当なものを、次の中から選び、その記号を書きなさい。（三重県）

ア 修飾・被修飾の関係
イ 主語・述語の関係
ウ 補助の関係
エ 並立の関係

チャレンジ 「読んでいる」は、「走っている」や「笑っている」などと同じ文節の関係になっている。

13

▲なまけマン

■解答・解説

別冊に、「入試問題にチャレンジ」の解答・解説を掲載しています。解説は、本冊解説の攻略法をふまえた内容になっています。

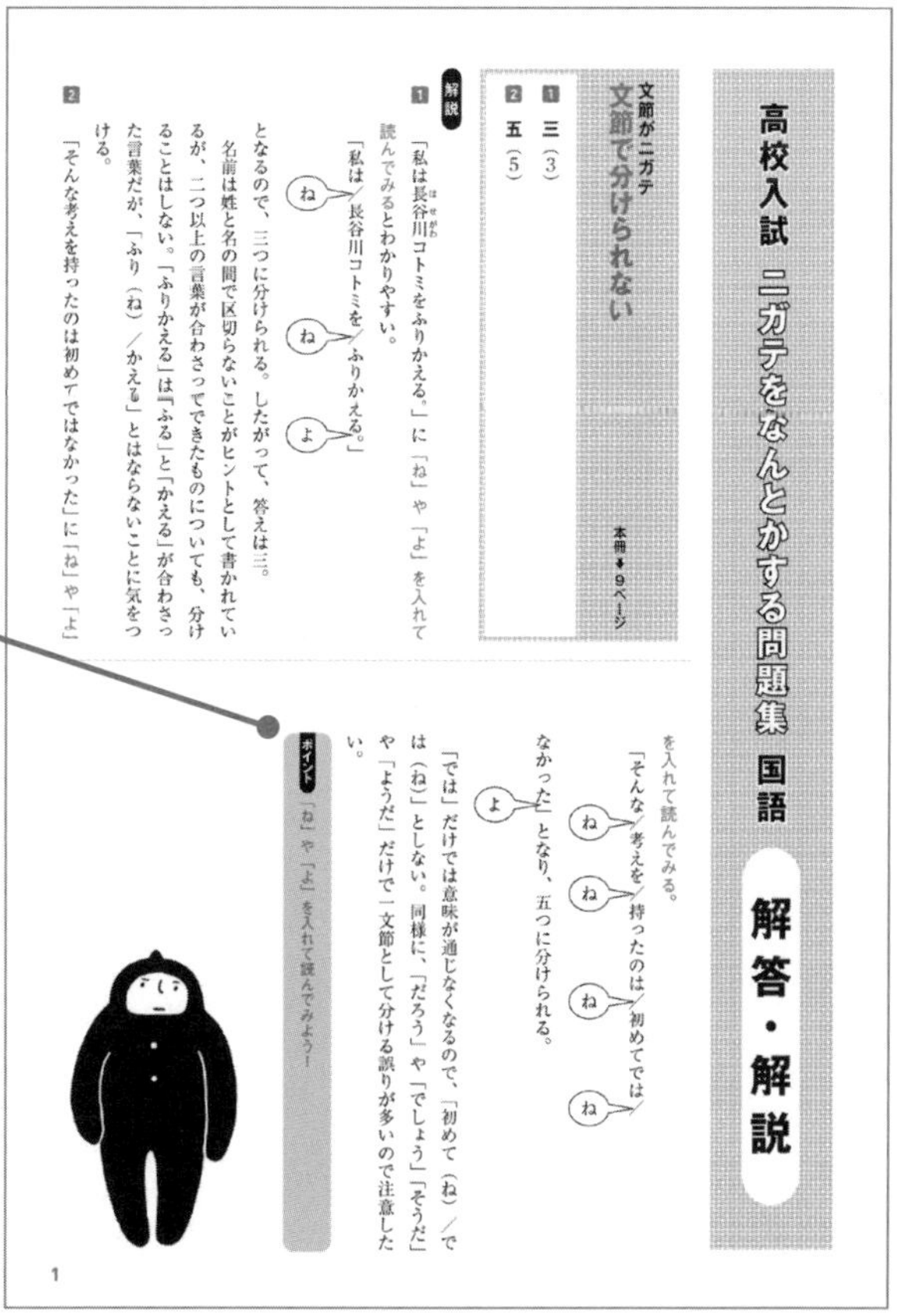

ポイント その問題を解く上でのコツなどを掲載しています。

高校入試 ニガテをなんとかする問題集 国語 解答・解説

文節がニガテ
文節で分けられない

本冊➡9ページ

1 三（3）
2 五（5）

解説

1 「私は長谷川コトミをふりかえる。」に「ね」や「よ」を入れて読んでみるとわかりやすい。

「私は（ね）／長谷川コトミを（ね）／ふりかえる（よ）。」

となるので、三つに分けられる。したがって、答えは三。

名前は姓と名の間で区切らないことがヒントとして書かれているが、二つ以上の言葉が合わさってできたものについても、分けることはしない。「ふりかえる」は「ふる」と「かえる」が合わさった言葉だが、「ふり（ね）／かえる」とはならないことに気をつける。

2 「そんな考えを持ったのは初めてではなかった」に「ね」や「よ」を入れて読んでみる。

「そんな（ね）／考えを（ね）／持ったのは（ね）／初めてでは（ね）／なかった（よ）」となり、五つに分けられる。

「では」だけでは意味が通じなくなるので、「初めて（ね）／では（ね）」としない。同様に、「だろう」や「でしょう」「そうだ」や「ようだ」だけで一文節として分ける誤りが多いので注意したい。

ポイント 「ね」や「よ」を入れて読んでみよう！

1

▲だらしまキャット

マップ
正しい敬語を選べない
なさる？
いたす？
古文の会話文の終わりがわからない
ずっと友達のままってアリ？
歴史的仮名遣いがニガテ
やうに？
思ふ？
俳句の季節を読み取るのがニガテ
着眼点を教えます！
➡ここに目をつければ解ける！
どこから手をつければいいかわからない問題も、
ここだけ見れば解決！
動作をする人に注目
「先生が、おっしゃった。」
主語を見る！
会話文の終わりはココ！
「と」を探そう！
「この絵のうちにこそあるなれとて…」
息抜きが大事！
息抜きも大事！
これさえ暗記すればOK！
➡出るものは決まっている！
あれこれ悩まず、これだけ丸暗記してしまおう！
語頭以外のはひふへほ
↓
わいうえお
動物・自然・その他をひとつずつ暗記！
春
夏
秋
冬
ZZZ

キミのニガテパターンも
この中にあるかも〜。
攻略法を使えば
だいじょうぶだよ〜。

黒髪ロングに
あこがれちゃう

なんとかなる

実は…
法則があります！

➡簡単な法則を覚えて、あてはめる。

出題パターンによっては、法則を使えば、
答えられる問題がある！

「ね」・「さ」・「よ」を入れて読む

「私は／パンを／食べる。」
（ね）（ね）（よ）

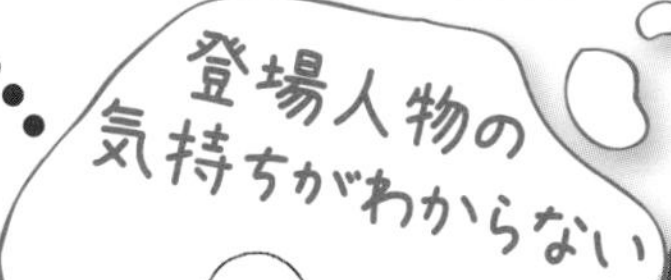

「みかんじる」の法則で解く

「私は、思わず唇を噛みしめた。」

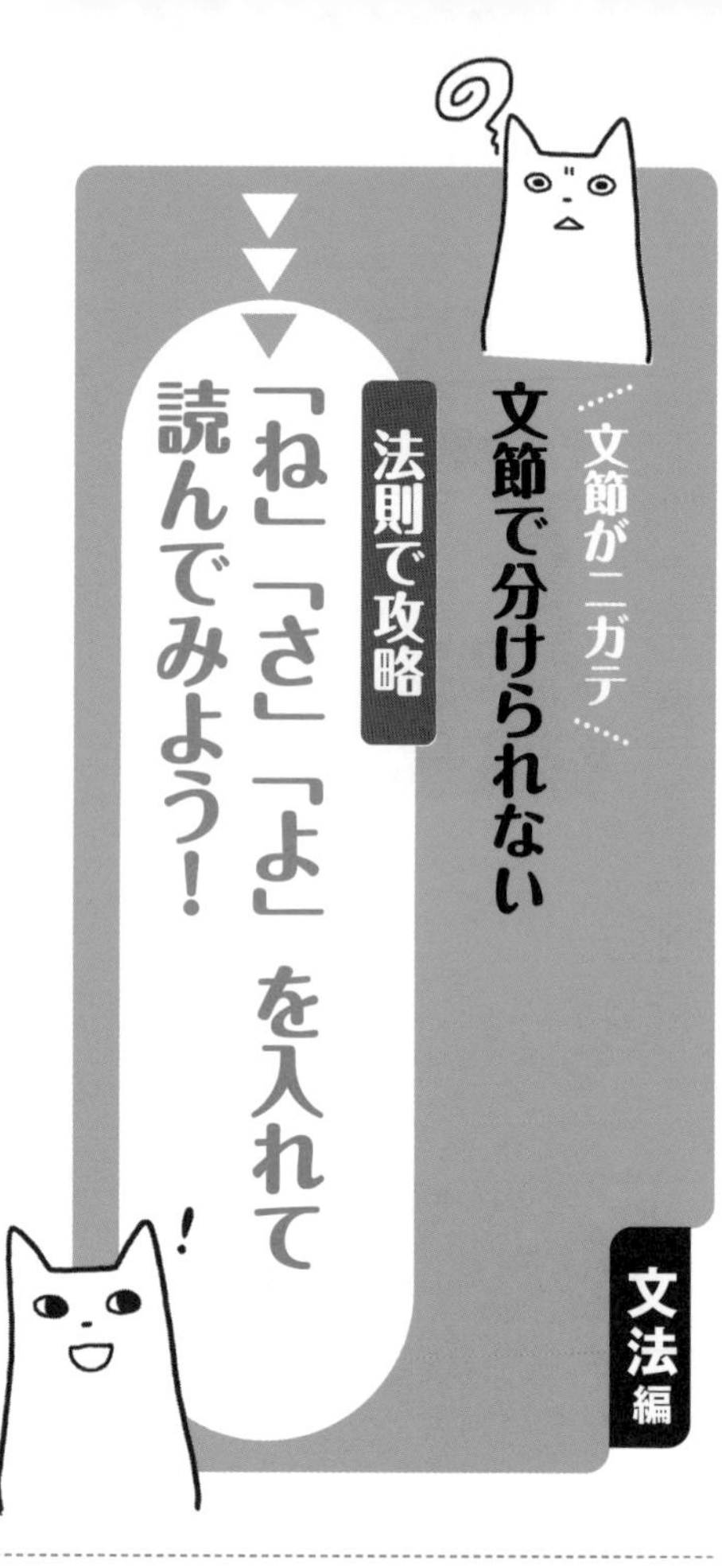

「文節」は文の構成単位で、文を不自然にならない程度に最小に区切った部分のこと。「単語」と間違えないようにしよう。

この手順で解く

例「海で子供たちが泳ぐ姿を見た。」

「ね」「さ」「よ」を入れて文節に区切って読んでみよう。

「海で／子供たちが／泳ぐ／姿を／見た。」

←

「海でね、子供たちがね、泳ぐね、姿をね、見たよ。」という**ふうに読める。**

例題

旅路では、その場所に立つ前には①全く予想もしなかったことを自分自身が感じ始め、考え始めるのに驚くことがある。旅の最大の面白さでもある。

古来、私たちが浦島太郎やガリバーを始めとする異境への旅の物語を楽しんできたのは、空想にせよ、それで旅の興奮が味わえるからだろう。だが、考えてみると、②必ずしも旅の話である必要もない。文学作品を読むこと自体が、旅に似ている。

そこで③日常とは別の世界の人物に会い、別の世界の空気を吸うことができるからだ。音楽も、絵も、彫刻も、映画も演劇も、すべて、その意味では一種の旅である。

（朝日新聞「天声人語」一九九三年一〇月五日より）

問い ——線部①「全く予想もしなかったことを」、②「必ずしも旅の話である必要もない」、③「日常とは別の世界の人物に会い」を文節に分けるとそれぞれいくつに分けられますか。

（北海道・改）

こう考える

「ね」をつけて読むとどうなるか考えてみよう。

答え ①四つ　②六つ　③五つ

入試問題にチャレンジ

1 次の文章を読んで、あとの問いに答えなさい。

これまでの桑原サトルのお兄さんの人生についてかんがえさせられた。この人は小学校や中学校はふつうに通えたのだろうか？おおぜいの人が出会う様々なたのしみをこの人も受け取ることができたのだろうか？　しょうがないの一言であきらめさせられてきたのではないだろうか？　この人になにかをしてあげたいという気持ちがわいてきて、私は長谷川コトミをふりかえる。

「なん？」

「ソプラノがここにおるねえ」

私はそして桑原サトルを見る。

「男声パートもここにおる。私はアルト。じゃあ、歌うしかないなー！」

「え？　ここで？」

桑原サトルが聞いた。

「もちろん」

（中田永一「くちびるに歌を」より）

問い　――線部「私は長谷川コトミをふりかえる。」とありますが、これはいくつの文節に区切れますか。その数を答えなさい。（宮城県）

名前は姓と名の間で区切らないよ。

2 次の文章を読んで、あとの問いに答えなさい。

旅に出る前まで、勇は不思議ないらだたしさを感じていた。このまま外に出ることなく、高校の体育館の中でずっと過ごしていては、永久にほかの人間たちと話す機会をもてなくなるのではないかと考えたりした。

そんな考えを持ったのは初めてではなかった。小学校では、毎日同じ数の生徒の中で、そのうち数名とだけしか会話をもてないことを残念がってみたり、中学生になると、家に帰ってから、学校やその途中にある街角に大きな落し物や忘れ物をしてきたのではないかと感ずることもあった。今日は、級友以外ではパン屋の親爺と話しただけと思い出したりして、自分の胸の中に描かれた世界が、日を追うごとに狭まっていくような気がしていた。

（高橋三千綱「九月の空」より）

問い　――線部「そんな考えを持ったのは初めてではなかった」を文の成分に分けたとき、いくつの文節から成っていますか。文節の数を書きなさい。（佐賀県）

答え➡別冊1ページ

こう考える

単語に分けない。たとえば、「考えを」を「考え」と「を」に分けると、「ね」を入れて読んだら、「考えね／をね」となり不自然。

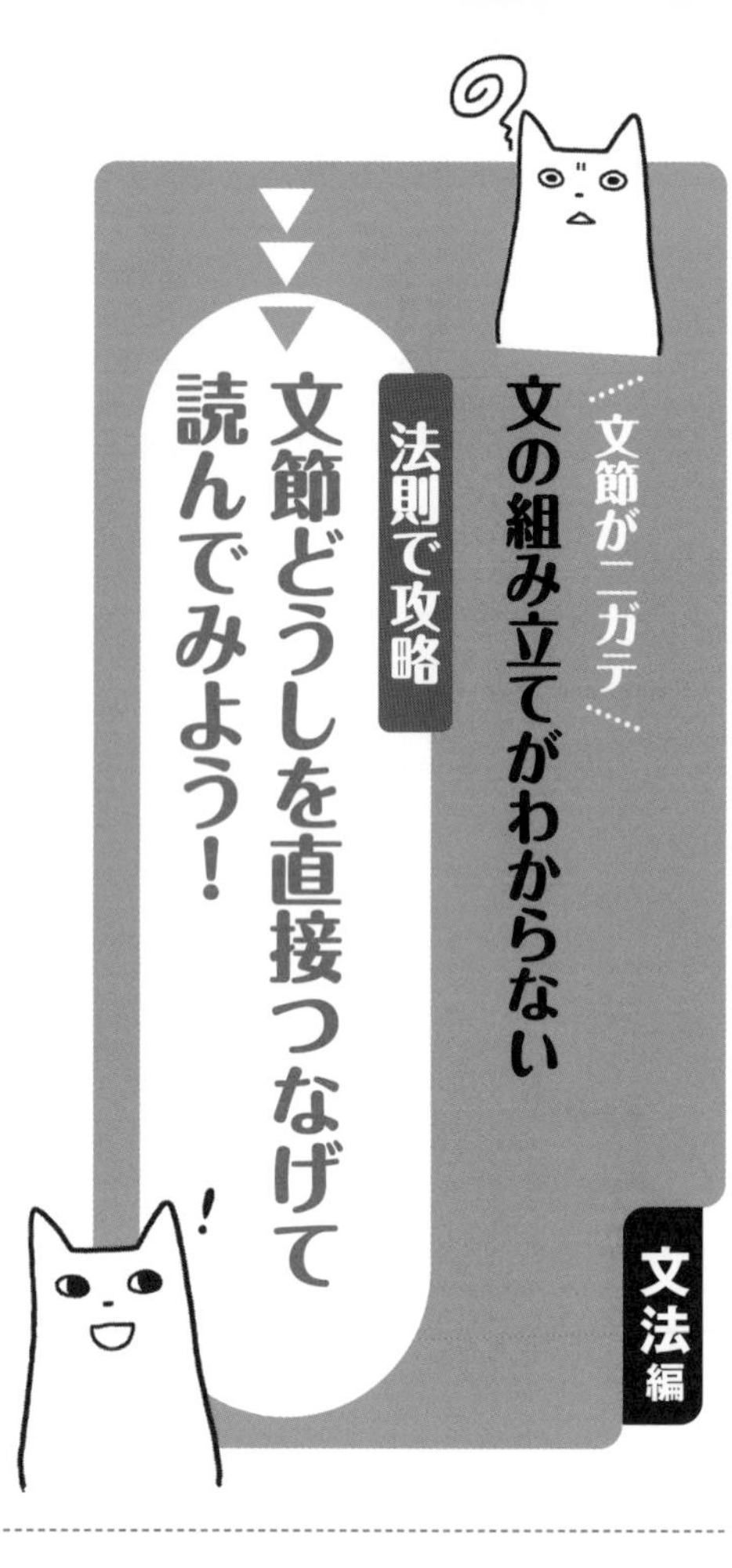

文法編

文節がニガテ

文の組み立てがわからない

法則で攻略

文節どうしを直接つなげて読んでみよう！

文節と文節の関係がわからないときは、つなげてみて違和感がないかどうか確かめよう。

例 私は　青い　鳥を　見た。

［私は］→［見た］（主語・述語の関係）

［青い］→［鳥を］→［見た］（修飾語・被修飾語の関係）

この手順で解く

文節に分ける。

↓

文節と文節を直接つなげて読んでみよう。

↓

違和感なく読めるものが正解。

例題

右側の笹の山が途切れて、牧草地が広がった。黒い牛が数頭見える。

「牛だ！」

思わず叫んだ。すると、隣のユリカがぼくの顔を見てから、大きな笑みを浮かべて叫んだ。

「牛だ！」

「牛だ！」

悟も続く。それからぼくたちは三人そろって笑った。なにがおかしいのかうまく説明できない。でも、おかしくてしょうがなかった。

（関口尚「はとの神様」より）

問い「叫んだ」の主語を、一文節で抜き出して書きなさい。（岐阜県）

こう考える

文節に分けて考えてみよう。

すると、／隣の／ユリカが／ぼくの／顔を／見てから、／大きな／笑みを／浮かべて／叫んだ。

「叫んだ」に直接つなげてみて、違和感がないのはどれだろう。

答え　ユリカが

入試問題にチャレンジ

答え➡別冊 2ページ

1 次の文章を読んで、あとの問いに答えなさい。

働く人々にも、作り出す人と交換する人の区別ができてくる。前者は「生きる」という人間に自然で必然の基本に関わることであり、後者は「よく生きる」という必ずしも必然とは言えない欲求に基づく。他の動物と異なる人間らしさは後者の発達を著しく促し、間接的な交換が直接的な食糧や道具の生産とあい並ぶようになる。

（工藤和男「くらしとつながりの倫理学」より）

問い ——線部「必ずしも」が直接かかるのは、どの言葉ですか。本文中から一文節で抜き出して書きなさい。

（石川県）

こう考える

——線部以降の部分を文節に分けて考えてみよう。

「必ずしも」の後ろには打ち消しの言葉がくることに注意。

文節を直接つなげて読んでみるとわかりやすい。たとえば、「必ずしも—欲求に」「必ずしも—基づく」とつなげてみると、意味がおかしくなる。

2 次の文章を読んで、あとの問いに答えなさい。

私が訪れた家の、世帯主の父親に当たる人はその頃六十歳代半ばだったが、インタビューのあと支度をして山へ出かけるという。それは桜の苗木を山に植えるためであった。その人は、自分の家の前の「マエヤマ」（家の正面に立った時に見える山の風景あるいは山そのもの）に見える桜の木は、自分の祖父が植えたものであり、今後生まれてくる孫や曽孫の代の人々が自分の植えた満開の山桜を楽しめるように、今のうちに桜の苗木を植えておくのだと言った。

（波平恵美子「いのちの文化人類学」より）

問い 文章中の——線部「その人は」の述語に当たる部分を、文章中から一文節で抜き出して書きなさい。

（宮崎県）

チャレンジ

まず、——線部以降の部分（「（家の正面に～山そのもの）」を除いた部分）を文節に分ける。

述語になる文節を探して、「その人は」に直接つなげてみよう。

〈主語—述語〉は「何が—どうする（何だ／どんなだ）」という関係。

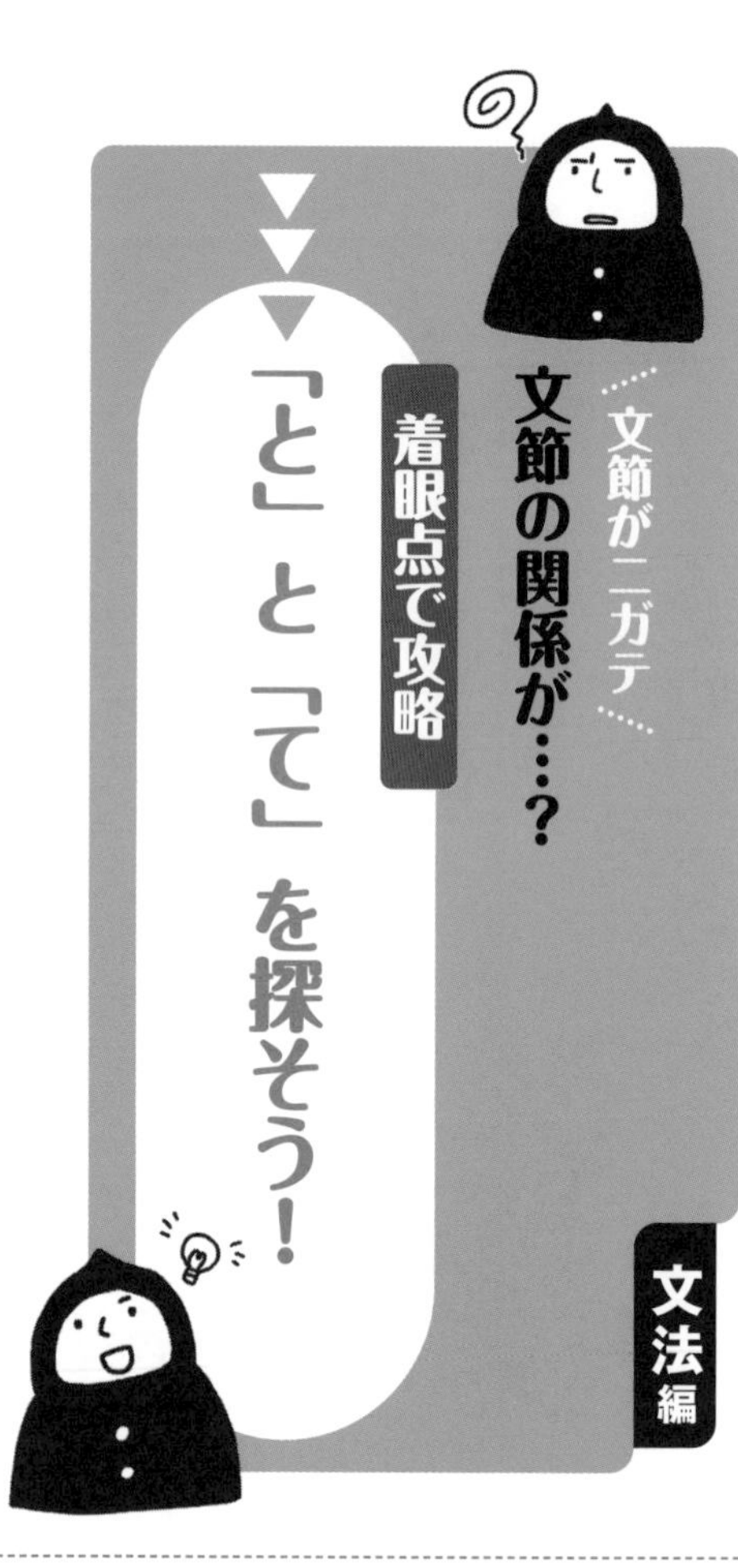

並立の関係…「AとBが」「AもBも」「～たり…たり」など、複数のものが並ぶ。

例 海と 空が 青い。

補助の関係…「～て……」となる。（「～で……」となる場合もある。）

例 一口 食べて みる。

この手順で解く

先に出てくる文節の最後に「～と」「～て」があるかどうか、確かめる。

「と」なら並立の関係、「て」なら補助の関係と覚えよう！

例題

① 女の子が 歩いて いる。
② 彼は 図書館に 行った。
③ さわやかな 風が ふいた。
④ 子供には 希望と 勇気を 持って ほしい。

問い ①～④の――線部の文節と文節の関係を、次から選び、記号で答えなさい。

ア 主語・述語の関係
イ 修飾・被修飾の関係
ウ 並立の関係
エ 補助の関係

こう考える

まずは「～と…」と「～て…」に着目して並立の関係と補助の関係を探す。

裏ワザ

〈「と」と「て」以外の並立の関係〉

「並立の関係は前後を入れ替えても文の意味が変わらない」ということを覚えておこう。

例 海と 空が 青い。 ＝ 空と 海が 青い。

これを覚えておけば、他の形の並立の関係にも対応できる。

例 見たり 聞いたり する。 ＝ 聞いたり 見たり する。

答え ① エ ② ア ③ イ ④ ウ

入試問題にチャレンジ

1 次の文章を読んで、あとの問いに答えなさい。

さらに言えば、石器を作るという行為は、ただ作るのではなく、よりよく作る、より美しく作るという意識をも目覚めさせたかもしれない。石で石を打ちかいて、あるいは石で石を磨いて、先鋭な刃が製作されたわけだが、何万年もの時代を経た今日においてすら、それは十分にその達成に満足していいバランスと完成度をたたえている。発掘された石器の数々を見ていると、そういう感慨を覚えるのである。

（原研哉（はらけんや）「日本のデザイン ―美意識がつくる未来」より）

問い 文章中の――線部aと――線部bの、文節と文節の関係を、次から一つ選び、記号で答えなさい。（山口県）

ア 主語・述語の関係
イ 修飾・被修飾の関係
ウ 並立（対等）の関係
エ 補助の関係

こう考える
先に出てくる文節にある「と」に着目する。

2 次の文章を読んで、あとの問いに答えなさい。

計画書を、父さんは目を丸くして読んでいる。北斗（ほくと）はちょっと得意な気分で説明した。

「一日に走る距離はだいたい百キロくらいにしたんだ。八海ラリー*を走ってみて、僕にもそれくらい走れるはずだって分かったから」

（竹内真（たけうちまこと）「自転車冒険記」より）

（注）＊八海ラリー＝北斗の家族が毎年参加する、東京から日本海までを自転車で走るイベント。

問い ――線部「読んでいる」とありますが、「読んで」と「いる」はどのような関係ですか。最も適当なものを、次の中から選び、その記号を書きなさい。（三重県）

ア 修飾・被修飾の関係
イ 主語・述語の関係
ウ 補助の関係
エ 並立の関係

チャレンジ
「読んでいる」は、「走っている」や「笑っている」などと同じ文節の関係になっている。

答え➡別冊3ページ

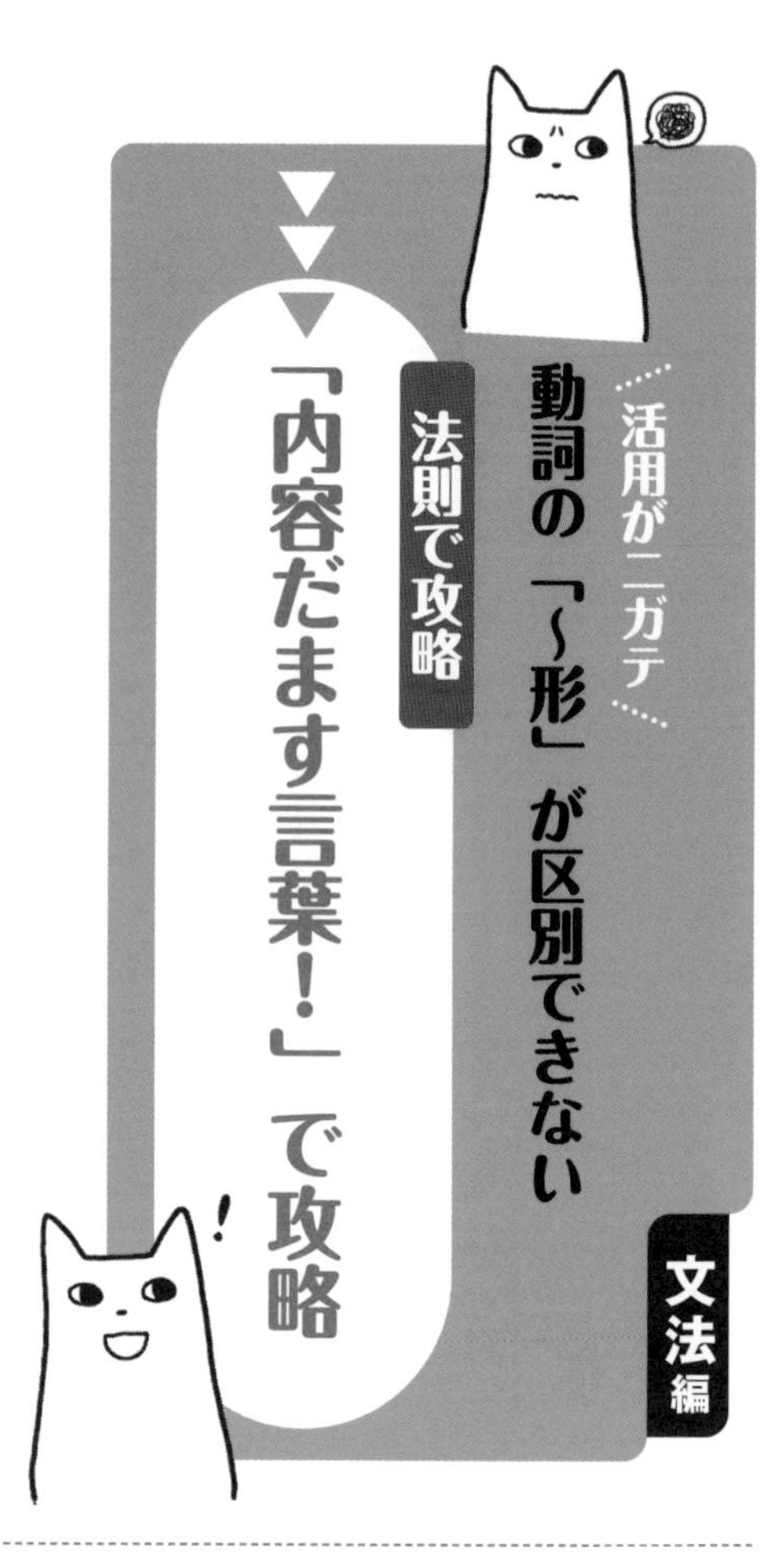

文法編

活用がニガテ

動詞の「～形」が区別できない

法則で攻略

「内容だます言葉！」で攻略

動詞の「～形」を見分ける問題は、――線部のすぐ下にある言葉を見れば解ける！

この手順で解く

例 食べる

	未然形	連用形	終止形	連体形	仮定形	命令形
食べる	食べ	食べ	食べる	食べる	食べれ	食べよ 食べろ
続く語	ない （よ）う	だ（た） ます	。	こと	ば	（命令！）

「続く語」をつなげて読んで……

←「内容だます言葉！」（ナイ・ヨウ・ダ・マス・コト・バ・！）と覚えよう。

例題

問い ――線部の直後の言葉に気をつけて、――線部の動詞が何形かを答えなさい。

① 図書館には、車に乗れば五分で着きます。

② 休み時間に本を読もう。

③ 僕は走ることが好きだ。

④ 風が吹いたら、窓を閉じよ。

こう考える

①は、直後に「ば」があるので仮定形。②は、直後に「う」があるので、未然形。③は、直後に「こと」があるので、連体形。④は、直後に「。」があるが、命令しているので、命令形。

答え ① 仮定形　② 未然形　③ 連体形　④ 命令形

ココは覚える 〈「内容だます言葉！」以外のパターン〉

・連用形のあとに「て」「たい」「、」

・終止形のあとに「と」

・連体形のあとに「とき」「（ものの）名前」

入試問題にチャレンジ

答え➡別冊4ページ

1 次の文の――線部の動詞の活用形を、あとのア～エから一つ選び、記号で答えなさい。（香川県）

① そこでは自我は育たないのです。

ア 未然形　イ 連用形
ウ 連体形　エ 仮定形

② 先のことにばかり目を向けようとするのではなく…

ア 未然形　イ 連用形
ウ 連体形　エ 仮定形

①［　］ ②［　］

こう考える

動詞の「～形」を答える問題なので、――線の直後に続く言葉をチェックして解こう。

2 次の文の――線部の動詞と同じ活用形の動詞をあとから一つ選び、記号で答えなさい。（大分県・改）

・自分の鳩（はと）を飛ばしたいって気持ち、わかるだろ？

（関口尚（せきぐちひさし）「はとの神様」より）

ア 図書館に行って植物図鑑を借りる。
イ 誠意をもって話せば、思いは届く。
ウ 慌てて食べないように気をつける。
エ 長い冬が終わり、暖かい春が来た。

［　］

3 次の文の――線部の動詞の活用形が異なるものを一つ選び、記号で答えなさい。また、その活用形を書きなさい。（千葉県）

ア ひとことで言えば、「論理」とは、言葉が相互にもっている関連性にほかならない。
イ まずは論理に対するひとつの一般的な誤解を解いておこう。
ウ 思考の本質はむしろ飛躍と自由にあり、そしてそれは論理の役目ではない。
エ 論理は、むしろ閃（ひらめ）きを得たあとに必要となる。

（野矢茂樹（のやしげき）「新版 論理トレーニング」より）

記号［　］ 活用形［　］

チャレンジ

3 の**イ**・**ウ**は、**ココは覚える**を使って解く問題。チャレンジしてみよう！

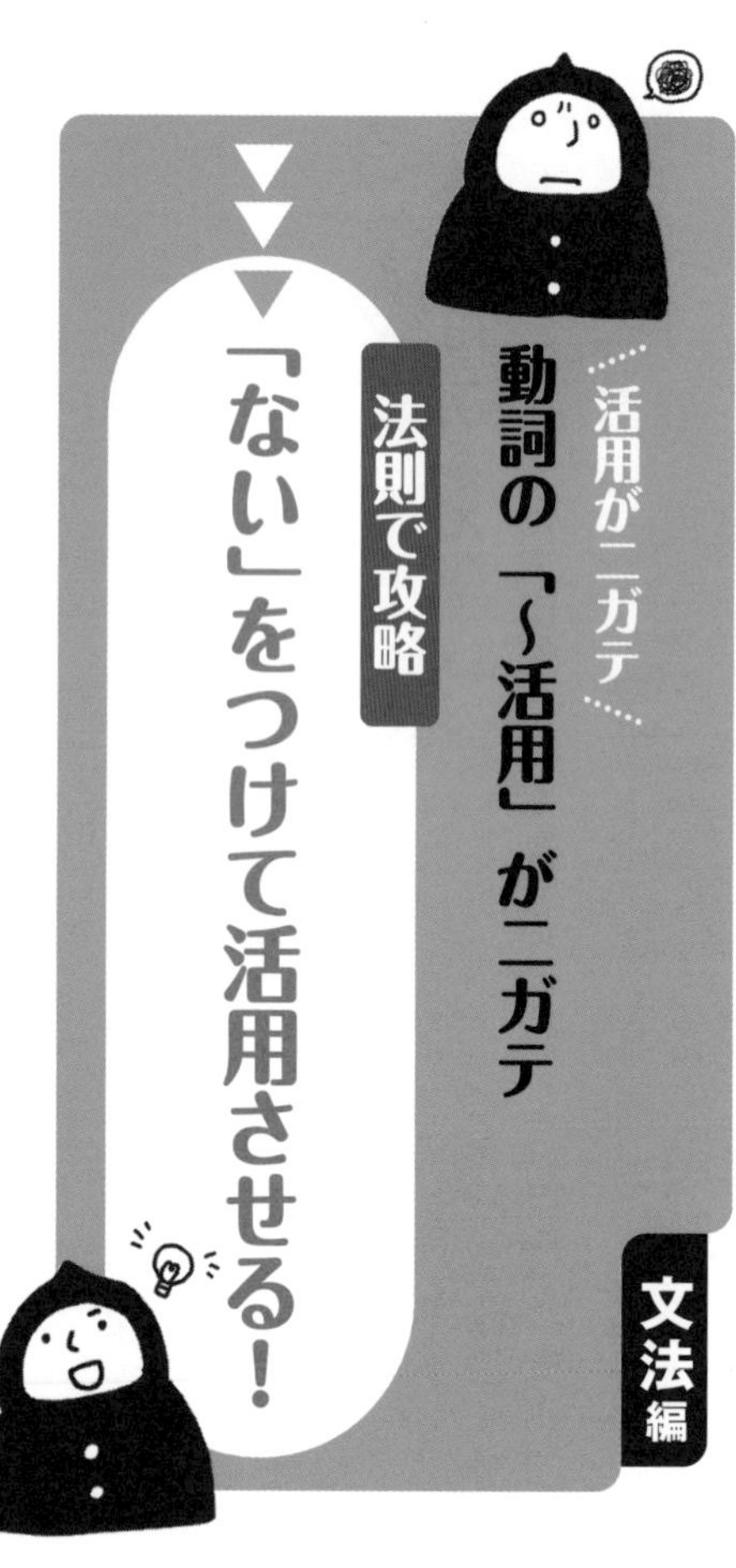

文法編

……活用がニガテ……

動詞の「〜活用」がニガテ

法則で攻略

「ない」をつけて活用させる！

「ない」の直前が
- ア段…五段活用（**例** 書かない）
- イ段…上一段活用（**例** 落ちない）
- エ段…下一段活用（**例** 投げない）

※例外は「来る」と「する（○○する）」だけ。
「来る」…カ行変格活用
「する（○○する）」…サ行変格活用

この手順で解く

「〜ない」をつけてみて…

「ない」の直前の文字で判断できる！

例題

この世の片隅に誰（だれ）が見ようと見まいと、しみじみと湧（わ）く水によって動く砂の営みがあることの発見が、「かなしも*」という詠嘆を深く肯（うなず）かせるからです。

（馬場（ばば）あき子（こ）「馬場あき子　短歌その形と心」より）

（注）　*かなしも＝胸に迫ることだよ。

問い　文中の――線部の「見」の活用の種類を、次の**ア**〜**エ**から一つ選び、記号で答えなさい。　（高知県）

ア　五段活用
イ　上一段活用
ウ　下一段活用
エ　サ行変格活用

こう考える

「見（見る）」に「ない」をつけると、「見ない」となる。「ない」の直前は「見（み）」、つまりイ段なので、「見（見る）」は上一段活用の動詞だとわかる。

答え　**イ**

わからなかったら暗記　上一段活用でよく出る動詞

「いる」「起きる」「着る」「落ちる」「延びる」

入試問題にチャレンジ

1 次の文章を読んで、あとの問いに答えなさい。

人間には短所と長所がある。短所には**ア**触れないで長所を褒めたたえていれば、短所は自然隠れて長所が伸びてくる。商売の繁昌(はんじょう)も同じで、**イ**繁栄する店をよく**ウ**見れば、よい品を廉(やす)く売ることも大切だが、店主が働いてくれる人の長所を褒めていると、認められたから働きがいが出てくる。「皆、心をそろえて**エ**やろう」の心が、店を繁昌させるかさせないかの鍵(かぎ)になっているのが事実だ。大和の国土をくさしていて、大和のさかんになるはずがない。

（犬養孝(いぬかいたかし)「万葉―花・風土・心―」より）

問い ＝線部「売る」と活用の種類が同じ動詞を、本文中の**ア**～**エ**から一つ選び、記号で答えなさい。（秋田県）

□

こう考える

「売る」に「ない」をつけてみよう。同様に、「触れ（触れる）」「繁栄する」「見れ（見る）」「やろ（やる）」にも「ない」をつけてみる。

「売れない」ではないので注意すること。

---

2 次の文章を読んで、あとの問いに答えなさい。

答え➡別冊5ページ

*老子(ろうし)が道を説いてから二千数百年が流れましたが、足るを知ることが今ほど難しく、また必要とされている時代もないでしょう。老子のいう「知足」とは、単に我慢しろ、欲望を抑えろということではありません。モノやお金、名声や地位や他者の評価といった自分の外側にあるものに振りまわされるな。もっと自足して生きよう――とすすめているのだと思います。

（加賀乙彦(かがおとひこ)「不幸な国の幸福論」より）

（注）*老子＝中国古代の思想家。

問い ――線部「抑えろ」と同じ活用の種類の動詞を含むものを、**ア**～**エ**から選び、記号で答えなさい。（岐阜県）

ア 桜の花が美しく咲く。

イ 父が質問に答える。

ウ 友人が家に来る。

エ キャプテンが指示をする。

まず「抑えろ」は「ない」をつける形にするとどうなるかな？

□

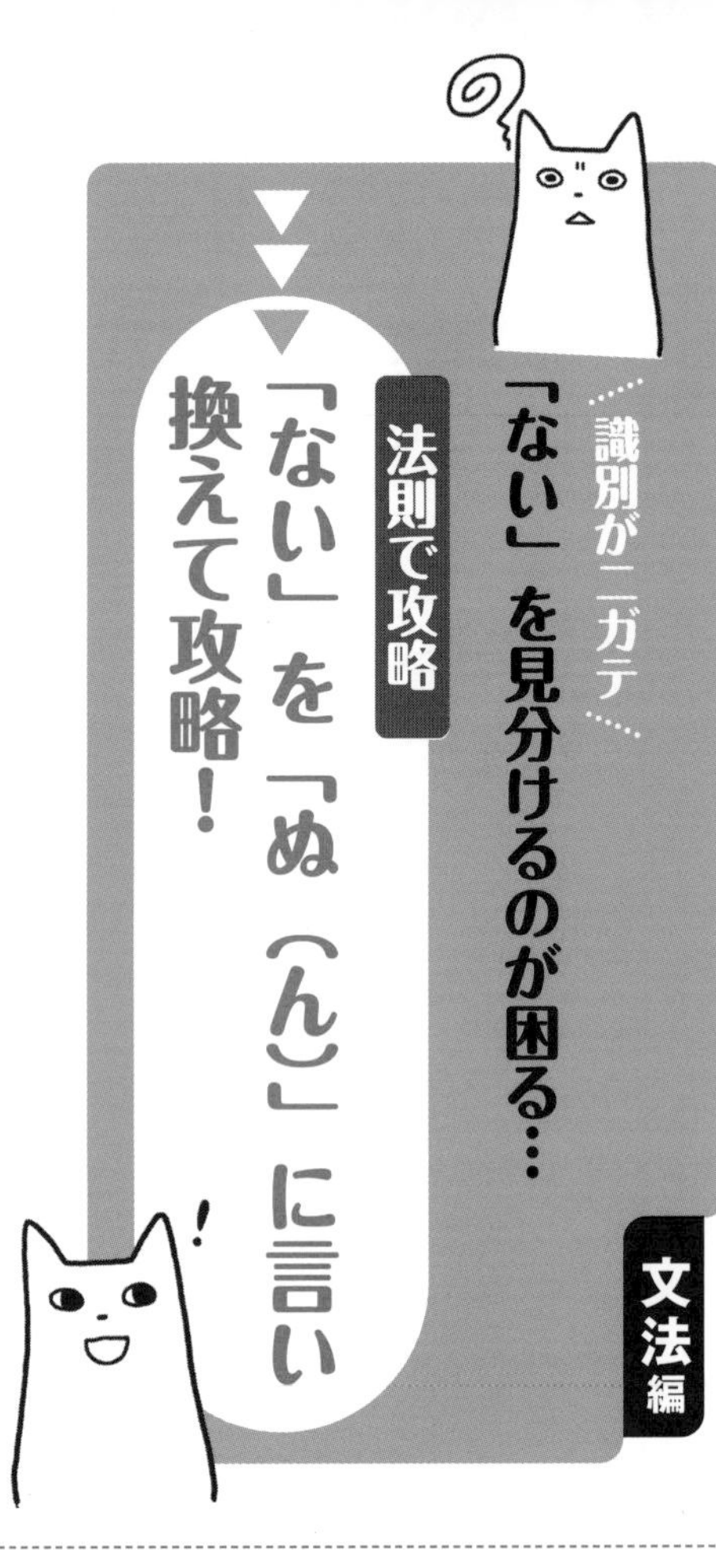

識別がニガテ

「ない」を見分けるのが困る…

法則で攻略

「ない」を「ぬ（ん）」に言い換えて攻略！

言い換えられるのは同じ「打ち消しの助動詞」だ！

「ない」を「ぬ」に換えて「助動詞」を見つける。
←
文の意味が通れば、「打ち消しの助動詞」。

ココは覚える 〈置き換えられない「ない」〉

- 形容詞「ない」…動詞「ある」の対義語
- 形式形容詞（補助形容詞）
  「ない」…「～でない」「形容詞＋ない」
- 形容詞の一部「～ない」

例 少ない・きたない・危ない・あどけない

例題

問い ――線部の「ない」を「ぬ（ん）」に置き換えて、例文と同じ意味・用法のものを答えなさい。（栃木県）

例文　教室では騒がないようにしよう。

ア 運動会は雲一つない晴天に恵まれた。
イ どのような困難にも彼はくじけない。
ウ 友人のさりげない一言が胸にしみた。
エ 君の夢が実現する日もそう遠くない。

こう考える

例文の「ない」を「ぬ」に言い換えてみる。

「教室では騒がぬようにしよう。」

↓意味が通るので、打ち消しの助動詞。

選択肢もそれぞれ「ない」を「ぬ」に言い換えて確認。

ア 運動会は雲一つぬ晴天に恵まれた。
イ どのような困難にも彼はくじけぬ。
ウ 友人のさりげぬ一言が胸にしみた。
エ 君の夢が実現する日もそう遠くぬ。

↓意味が通るのはイだけ。

答え イ

入試問題にチャレンジ

1 次の文の——線部と、品詞の分類からみて同じものを、あとのア～エから一つ選び、記号で答えなさい。（静岡県）

・傷がついていない緑の葉っぱには、クマリンができる前の物質が含まれています。

（田中修（たなかおさむ）「植物はすごい」より）

ア それほど急ぐ必要はない。
イ スピードの出し過ぎは危ない。
ウ 赤ん坊の寝顔はあどけない。
エ 相手の言うことが理解できない。

□

こう考える

「ない」を「ぬ」に言い換えてみる。
「傷がついてい□緑の」
ア「急ぐ必要は□。」
イ「出し過ぎは危□。」
ウ「寝顔はあどけ□。」
エ「理解でき□。」

2 次の文の——線部「ではない」の「ない」と同じ意味・用法のものを、あとのア～オの中から一つ選びなさい。（福島県）

答え➡別冊6ページ

・カントは、認識できたと思った瞬間に人間は通常の意識のなかでとらえられてしまうから、それは本物の物自体ではない、と述べている。

（内山節（うちやまたかし）「内山節のローカリズム原論　新しい共同体をデザインする」より）

ア いくら考えてもこのパズルが解けない。
イ 薬を飲んだので頭はもう痛くない。
ウ 例年と比較すると積雪がかなり少ない。
エ 彼の言葉がどうしても忘れられない。
オ 体育祭の翌日だが疲れは全くない。

□

チャレンジ

形式形容詞の「ない」は、「有る」の反対の「無い」の意味が薄れ、打ち消しだけの意味になっている。助動詞と紛らわしいが、形式形容詞は自立語なので、文節に区切れば判断できる。

形式形容詞も「ない」の前に「ね」を入れて、文節に区切れるよ。

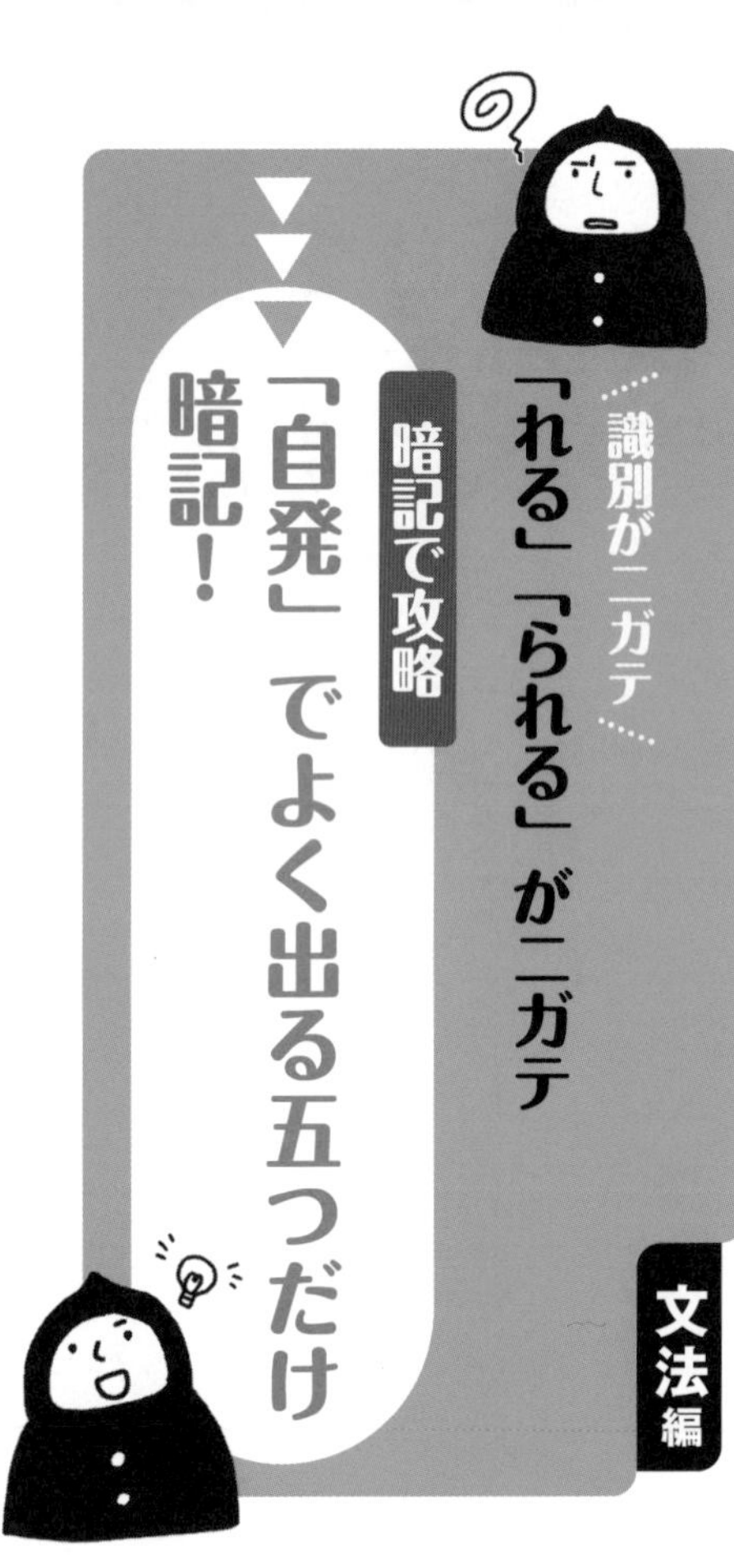

この手順で解く

「れる」「られる」が出たら…

「思われる」「思い出される」「感じられる」「案じられる」「偲（しの）ばれる」は自発！

助動詞「れる」「られる」の意味は「受け身」「尊敬」「自発」「可能」の四つに分けられる。まず「自発」を見分けて、そうでなければ、「受け身」「尊敬」「可能」を考えよう。

・受け身…誰かに何かをされている。
・尊敬　…目上の人の動作に用いている。
・可能　…「～できる」の意味で用いている。

例題

問い　次の**ア**～**エ**の――線部「られる」のうち、「自発」の意味のものを一つ選びなさい。

ア　海辺の生態系に大きな変化が見られる。
イ　家庭訪問で先生が家に来られるのを待つ。
ウ　遠くにあってふと故郷が案じられることがある。
エ　ロープが漁師の手によってたぐり寄せられる。

こう考える

自発になる五つの言葉のどれかが使われていれば一発で選べる。

答え　**ウ**

わからなかったら暗記　識別するための言葉を覚えよう！

① 「変化」を見ることができる　→可能
② 「おこしになる」「いらっしゃる」　→尊敬
③ 「案じられる」　→自発
④ 「たぐり寄せる」ことをされる　→受け身

暗記するのは「自発」のみ。あとは置き換えで解ける！

入試問題にチャレンジ

答え ➡ 別冊 7ページ

1 次の文の——線部の「られる」と、文法的に同じ意味・用法のものを、あとの**ア**～**エ**から一つ選び、記号で答えなさい。（栃木県）

・元気な声であいさつをして先生からほめられる。

ア 雄大な山々が真っ赤な夕日に染められる。
イ 私は好き嫌いがなくなんでも食べられる。
ウ 来週に控えた運動会の天気が案じられる。
エ 大学の先生が私たちの中学校に来られる。

こう考える

例文の「ほめられる」は「先生から」なので「受け身」。**ア**は「山々が」「夕日に」よって「染められる」ということなので「受け身」（比喩的な表現に注意）。**イ**は「食べることができる」と置き換えられるので「可能」。**ウ**の「案じられる」は「自発」。**エ**は、主語が「大学の先生」なので「尊敬」。

2 次の文の——線部の「られる」と、ことばのきまりや意味のうえで同じ用法のものをあとの**ア**～**オ**から一つ選び、記号で答えなさい。（熊本県）

・その原因の一つとして、私たちの食生活が変化し、日本で自給率の高い米の消費量が減ったということがあげられると思います。

ア 人に名前を覚えられる。
イ 先生が来られる。
ウ 秋の気配が感じられる。
エ 兄に助けられる。
オ この問題は答えられる。

チャレンジ

〈「れる」と「られる」の使い分け〉

助動詞「れる」「られる」は動詞の未然形に接続。

①未然形がア段のもの（五段活用・サ変「さ」）→「れる」

②未然形がイ・エ・オ段のもの（その他の動詞）→「られる」

※この場合に「れる」とするのを「ラ抜き言葉」という。文法的には間違いなので注意すること。**例**「食べれる」「見れる」

主語が「先生」などのときは尊敬のことが多いよ。

文法編

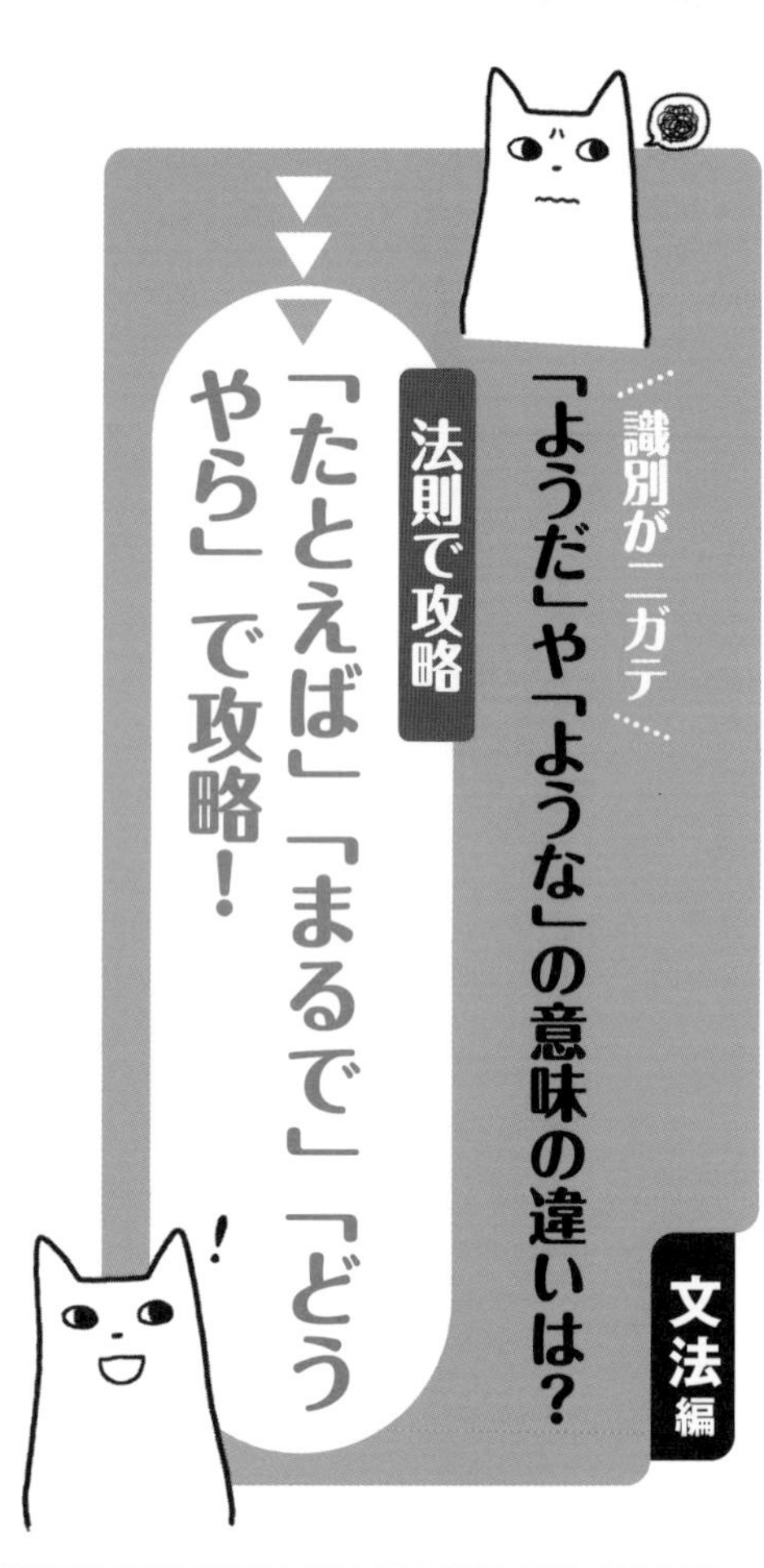

識別がニガテ

「ようだ」や「ような」の意味の違いは？

法則で攻略

「たとえば」「まるで」「どうやら」で攻略！

この手順で解く

あてはめてつながるものを確かめれば解ける！

「たとえば」← 例示
「まるで」← 比喩
「どうやら」← 推定
の用法！

例 「エジソンのような発明家になりたい。」
「彼女は名探偵のような推理を展開した。」
「今日は彼が活躍するような気がする。」

「たとえばエジソンのような発明家になりたい。」→例示
「彼女はまるで名探偵のような推理を展開した。」→比喩
「今日はどうやら彼が活躍するような気がする。」→推定

例題

問い □に「たとえば」「まるで」「どうやら」を入れて、例文の——線部と同じ使われ方をしているものを選びなさい。

例文 □彼の言っていることは事実のようだ。

ア □まもなく会議が始まるようだ。
イ □父のような研究者になりたい。
ウ 窓からの景色は□絵画のようだ。
エ □雲に乗っているような心地よさだ。

こう考える

「ようだ」の分類

ア 「どうやらまもなく会議が始まるようだ。」
イ 「たとえば父のような研究者になりたい。」
ウ 「窓からの景色はまるで絵画のようだ。」
エ 「まるで雲に乗っているような心地よさだ。」

例文は、「どうやら彼の言っていることは事実のようだ。」

答え ア

裏ワザ 〈A＝Bなら例示。A≠Bなら比喩〉
イは「父」＝「研究者」となるので「例示」、ウは「景色」≠「絵画」なので「比喩」と判断できる。

入試問題にチャレンジ

1 **次の文の——線部「ような」と働きが同じものを、あとのア〜エから一つ選び、その記号を書きなさい。**（岩手県）

・日本は石油や鉄鉱石のような天然資源に乏しい。（原研哉（はらけんや）「美意識は資源である」より）

ア 東京のような大都市には多くの人間が集まってくる。

イ 序盤で大きくリードしたので、勝ったようなものだ。

ウ 指先から背筋に向かって電気のようなものが走った。

エ 彼はもう二度とこの場所には来ないような気がする。

2 **次の文の「ようだ」と意味が異なるものを、あとのア〜エから一つ選び、その記号を書きなさい。**（富山県）

・ドイツ人の彼にとっては、何も手を加えない自然のままの状態がすばらしい景観であるようだ。（花里孝幸（はなさとたかゆき）「自然はそんなにヤワじゃない　誤解だらけの生態系」より）

ア 売場は、すいているようだ。

イ 展示場は、二階にあるようだ。

ウ 大会は、行われないようだ。

エ 日差しは、まるで夏のようだ。

答え➡別冊8ページ

3 **次の文章を読んで、あとの問いに答えなさい。**

春は曙（あけぼの）、やうやう白くなりゆく山ぎはは少し明かりて、紫立ちたる雲の細く棚引きたる…

という この文章は、春の夜明けの爽（さわ）やかな大気の中に拡（ひろ）がる晴朗な自然の姿を、あたかも淡彩による一幅の絵のように鮮やかに描写している。（高階秀爾（たかしなしゅうじ）「移ろいの美学——四季と日本人の美意識」より）

問い 本文中のようにと同じ意味・用法で「ように」が用いられている文として最も適当なものを、次のⅠ群**ア**〜**エ**から一つ選び、その記号を書きなさい。また、ようには、文法上、どの品詞に分類されるか、最も適当なものを、後のⅡ群**カ**〜**ケ**から一つ選び、その記号を書きなさい。（京都府）

Ⅰ群
ア どうか、明日の試合で勝てますように。
イ 今夜の星は、まるで宝石のように美しい。
ウ この空の様子だと、間もなく雨が降るように思う。
エ 約束の時間に遅れないように、余裕をもって出発した。

Ⅱ群
カ 副詞　**キ** 助詞
ク 助動詞　**ケ** 形容動詞

文章中の「あたかも」は「まるで」と同じような意味。

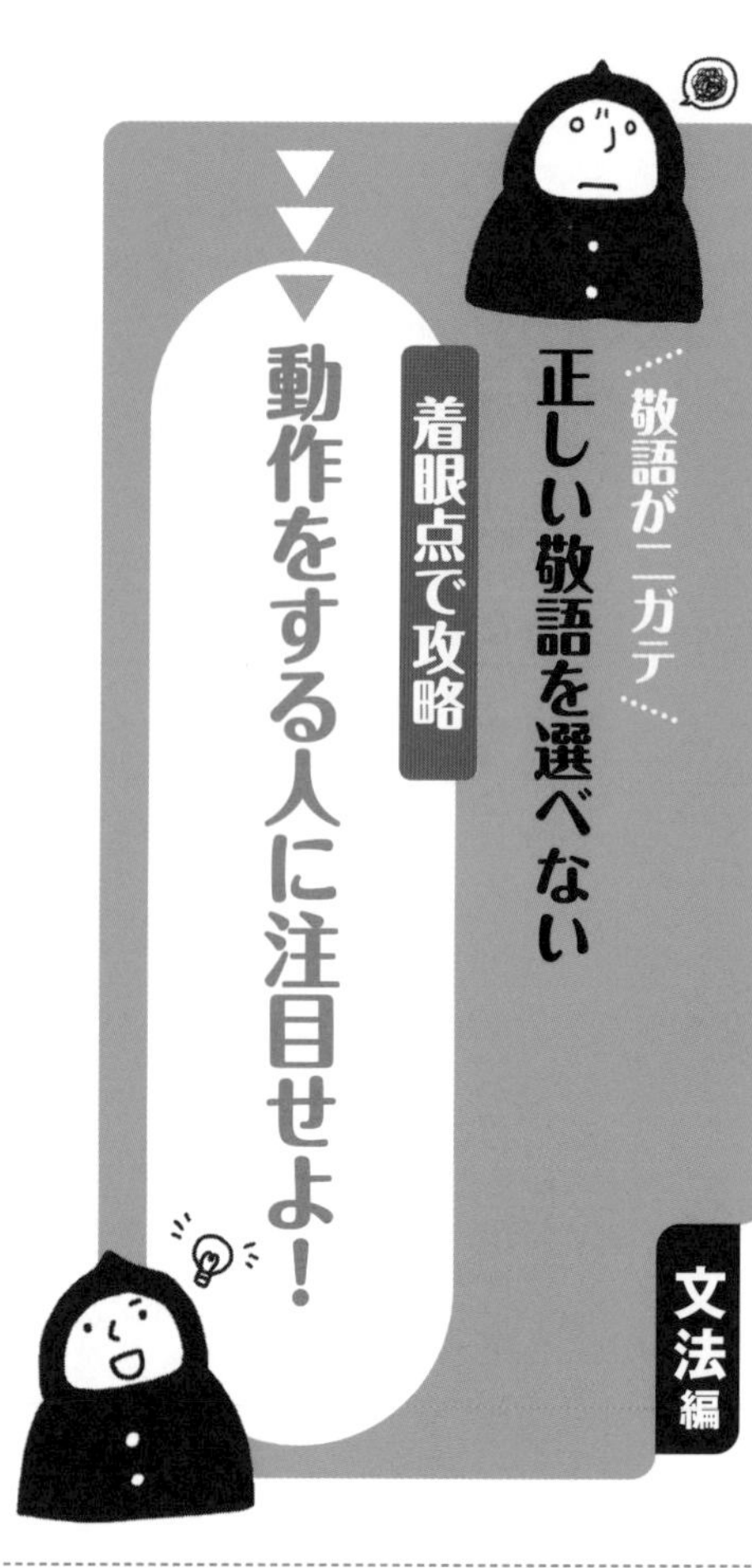

文法編

敬語がニガテ

正しい敬語を選べない

着眼点で攻略

動作をする人に注目せよ！

この手順で解く

敬語が使われている言葉（動作）の主語を確認する。

相手の動作なら尊敬語。
自分の動作なら謙譲語（相手に対する自分の動作）。

敬語を選ぶ問題では、尊敬語か謙譲語かを見分けるのがポイント！

・尊敬語は相手の動作を高める。
・謙譲語は自分の動作を低くする。

どちらも相手に対する尊敬の意味になる。

例題

問い　次の会話は、ＰＴＡ主催のレクリエーションで食堂の係になった中学生の山田さんとお客さんが話した内容の一部である。――線部**ア**～**カ**の中から、敬語の使い方が正しくないものを二つ選びなさい。

山田さん「いらっしゃいませ。何に（ア）なさいますか。」
お客さん「カレーライスをください。辛口はありますか。」
山田さん「辛口はありませんが、小袋の辛みスパイスを（イ）差し上げますので、お好みでかけて、（ウ）いただいてください。（エ）お使いになりますか。」
お客さん「では、辛みスパイスをください。」
山田さん「分かりました。ほかに必要なものがありましたら、遠慮なく（オ）申し上げてください。」
お客さん「ありがとう。大丈夫です。」
山田さん「では、準備ができましたら、（カ）お呼びします。」

（福島県）

こう考える

ア　お客さんが「なさる」→尊敬語（する）
イ　山田さんが「差し上げる」→謙譲語（やる）
ウ　お客さんが「いただく」→謙譲語（食べる）…×
エ　お客さんが「お使いになる」→尊敬語（使う）
オ　お客さんが「申し上げる」→謙譲語（言う）…×
カ　山田さんが「お呼びする」→謙譲語（呼ぶ）

答え　**ウ・オ**

入試問題にチャレンジ

1 次の会話の空欄にあてはまる最も適切な敬語の表現を、あとのア～エの中から一つ選び、その記号を書きなさい。（埼玉県）

先生「昨日、保護者会のプリントを配りましたね。」
生徒「私は、学校を休んでいたので、そのプリントを（　　　　）」

ア くれますか。
イ もらえますか。
ウ いただけますか。
エ うけたまわれますか。

□

こう考える

ここは生徒の「もらう」という動作を、相手の先生に対するものとして低めているので、謙譲語にするべきである。「もらう」の謙譲語は「いただく」。「うけたまわる」は「聞く」「引き受ける」の謙譲語。

---

2 A中学校の小林さんは、自由研究のレポートを書くために博物館を訪れた。次の会話の――線部のうち、敬語の使い方が正しいものを一つ選び、記号で書きなさい。（栃木県）

答え➡別冊9ページ

小林「こんにちは。A中学校の小林です。今日は、郷土の歴史を調べに^ア^うかがいました。よろしくお願いします。」
職員「こんにちは。先日連絡をくれた小林さんですね。今日はゆっくり見学していってください。」
小林「館内では写真を^イ^お撮りになってよろしいですか。」
職員「一般展示しているものなら大丈夫です。」
小林「ありがとうございます。見学後に質問したいことがあるのですが、どなたに^ウ^質問なさるとよろしいですか。」
職員「どのような質問ですか。内容に応じて、専門の者を紹介します。」
小林「江戸時代について^エ^存じ上げている方をお願いします。」
職員「私の専門なので、後で声をかけてください。」

□

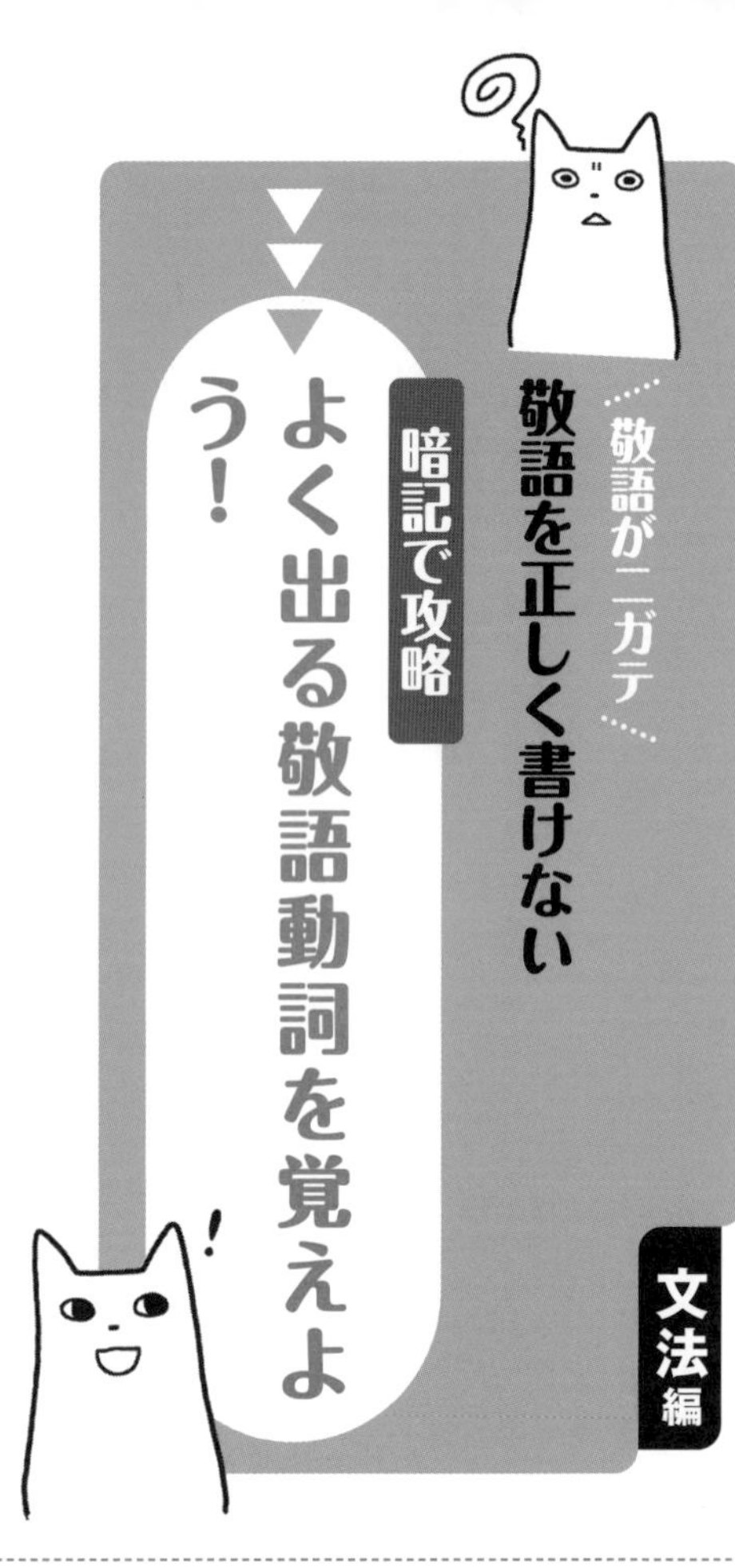

文法編

敬語がニガテ

敬語を正しく書けない

暗記で攻略

よく出る敬語動詞を覚えよう！

この手順で解く

敬語動詞を用いて書き直す問題が多い。

←「聞く」の謙譲語である「うかがう」は必ず覚えておこう！

ココは覚える 「聞く」以外にも、こんな敬語動詞が出る！

動詞	尊敬語	謙譲語
行く 来る	いらっしゃる おいでになる	参る うかがう
言う	おっしゃる	申す、申し上げる
見る	御覧になる	拝見する
食べる・飲む	召し上がる	いただく

例題

中学二年生の信子（のぶこ）さんのクラスでは、自分たちが興味を持った職業に就いている人にインタビューし、レポートを書くことになった。次は、信子さんが幼稚園の先生である藤本（ふじもと）さんにインタビューした時のやりとりの一部である。よく読んで、あとの問いに答えなさい。（熊本県）

信子　まず、幼稚園の先生の仕事内容を聞きたいのですが。

藤本　子どもたちの保育が中心です。子どもたちが朝来てから帰るまで、私たちはずっと一緒に過ごします。そのあと、毎日の記録、職員会議や園内研修、運動会などの行事の準備、保護者への対応など、いろいろな仕事があります。

問い　――線部「聞きたい」を適切な敬語表現に改めなさい。

こう考える

信子さんが、目上の人である藤本さんに「聞きたい」と言っているので、謙譲語を使う。

答え　うかがいたい（お聞きしたい）

入試問題にチャレンジ

答え➡別冊10ページ

1 放送委員会では、学校でのコンサートに訪れたピアニストの佐藤さんに、昼の校内放送番組を制作するため、インタビューをした。その一部である次の文章を読んで、あとの問いに答えなさい。

（宮城県）

〈Ａ　さん〉　佐藤さん、演奏後のお疲れのところ、時間をとっていただいてありがとうございます。今日は、ピアノや演奏への思いについていくつか聞きます。よろしくお願いします。

〈佐藤さん〉　はい、よろしくお願いします。

問い　――線部「聞きます」を、適切な敬語表現に直しなさい。

こう考える

「Ａさん」が「佐藤さん」に「聞く」のだから、謙譲語を用いる。

---

2 次の文章を読んで、あとの問いに答えなさい。

◯◯中学校図書だより　第三号

言葉の森へ

《今月の特集》

「本のプロフェッショナル」に直撃インタビュー！

先日、町の図書館に勤務されている前田さんに、お話を聞きました。

問い　川上さんは、作成中の図書だよりについて、図書委員会の仲間からアドバイスをもらうため、気付いたことを付箋（ふせん）に書いてもらいました。次の付箋に書かれた内容を生かして、図書だよりの――線部を書き直しなさい。

（宮崎県・改）

付箋

「聞きました」という言葉は、より適切な敬語の表現にしたほうが、よいのではないでしょうか。

読解編

……説明的文章がニガテ……

接続語がわからない

着眼点で攻略

空欄の前後だけ見ればよし！

前後の文がどんな関係になっているかに注目すると、あてはまる接続語がわかる！

裏ワザ 〈この用語があったら注意〉
選択肢の中に「けれども」「また」「つまり」があったら、それが答えになることが多い！

ココは覚える こんな接続語も覚えておくと、さらに高得点！

前後の文の関係	接続語の例
前の結果に対する原因を述べる	なぜなら・というのも
前に対して逆の内容を述べる	けれども・しかし
前に対して対等な内容を補足する	また・そのうえ
前の内容を要約して補足する	つまり・すなわち

例題

熟達者は、知覚情報の処理をするときに、その時々の環境に存在するすべての情報を一度に取り込み、すべてを並行して処理しているわけではない。むしろ、初心者よりも情報を絞り込んで取り込み、必要な情報だけを処理しているのである。そのときに、どの情報が必要で、どの情報が必要でないかを瞬時に見極め、必要な情報にだけ目を向けることができる。それが熟達者の特徴なのだ。［　　］、情報をスムーズに処理し、知識を効率よく得ていくためには、不必要なことに無駄に注意を向けないということが、とても大事なのだ。

（今井(いまい)むつみ「ことばと思考」より）

問い 文章中の［　　］に入る最も適当な言葉を、次の中から一つ選び、その記号を書きなさい。（愛知県・改）

ア ただし　**イ** しかし
ウ つまり　**エ** あるいは

こう考える

空欄の前の「必要な情報にだけ目を向けることができる」という「熟達者の特徴」について、あとで「不必要なことに無駄に注意を向けない」と要約して補足している。

答え **ウ**

入試問題にチャレンジ

1 次の文章を読んで、あとの問いに答えなさい。

たとえば、タイムマシンという言葉。その意味は六歳の子どもも、ドラえもんなどを通じて知っている。思い通りに過去や未来に旅ができる一種の乗り物だが、私は全く違うタイプのタイムマシンを考えたことがある。それはベニヤ板でできていて、見た目は犬小屋にそっくりだ。とてもゆっくり時空を越えて行くタイムマシンで、二十年後の未来へゆくのに二十年もかかる。それじゃ、タイムマシンに乗らなくてもいいじゃないか、と君は思うかもしれない。普通に二十年間暮らしていても、二十年後の未来に行くことができるのだから。 A 、そのタイムマシンに乗っていると、昼と夜が逆転したり、一分が一時間に感じられたり、一週間が一日に感じられたり、時間の感覚が狂う。 B 、暗闇(くらやみ)で外界と遮断されているうちに、自分の過去をじっくり回想することもできるので、過去へ旅するのも容易だ。このタイプのタイムマシンは誰(だれ)でも作ることができる。タイムマシンの定義*を、「時間の感覚を狂わせる機械」という風に変えてしまえば。

（島田雅彦(しまだまさひこ)「いまを生きるための教室　死を想(おも)え　国語・外国語」より）

（注）＊定義＝言葉でものの意味や内容を限定して説明したもの。

問い 文章中の A ・ B に入る言葉の組み合わせとして最も適当なものを、次の中から一つ選び、その記号を書きなさい。（神奈川県）

ア A けれども　B また

イ A つまり　B だから

ウ A すなわち　B さらに

エ A しかし　B なぜなら

答え➡別冊11ページ

□

こう考える

まず、Aの前後の関係を見てみよう。「普通に二十年間暮らしていても、二十年後の未来に行くことができるのだから」、「タイムマシンに乗らなくてもいいじゃないか」と思うかもしれないけれども、「そのタイムマシンに乗っていると……時間の感覚が狂う」のだと述べている。

Bの前後は、タイムマシンに乗っていると、「時間の感覚が狂う」うえに、「過去へ旅するのも容易だ」と述べ、タイムマシンの特徴を二つ並べてあげている。

2 次の文章を読んで、あとの問いに答えなさい。

見立てとは、あるものを別のものになぞらえることである。つまり、ある状況を、それとは別の状況や物事の様子から見て取ることである。日本文化には、この見立ての表現が、多岐にわたって存在する。

例えば、日本独自の造園に枯山水がある。植物や水を一切用いず、石や砂だけで自然を表現する。ここでは、石は山を表し、砂や小石は大海原を表現する。**A**、落語では、噺家が手ぬぐい一本を用いて様々な情景を表現し、客もこれを想像しながら見立てを楽しむ。

見立てという切り口から日本の文化を総覧すると、その理解なしに日本文化の真の理解は得られないと言ってよいほど、見立ての表現は、数多く存在する。

私たちの祖先は、大陸文化を移入して以来、徐々に独自の美意識に目覚めて日本文化を作り上げてきた。その中でも、特に日本文化に大きな影響を与えたのが見立てであったと言える。日本文化には、見立てのかたちに託した美学が多く息づく。日本人の日常生活には、古くから、縁起を担ぎ、祈願を込めた様々な見立てのかたちが取り入れられている。単に形状が似ているという理由で、また、色や語呂合わせから、祝意を表すものも多くある。

正月のおせち料理を見ても、見立てのオンパレードである。昆布は巻き物に似ていることから、文化・教養を表す。きんとんは金色で、**B**、財の見立てである。黒豆はまめまめしく働くという語呂合わせから勤労を、数の子は子宝を、鯛は「めでたい」から、というように見立てづくしである。

（三井秀樹「かたちの日本美　和のデザイン学」より）

問い 文章中の **A**・**B** に入る言葉の組み合わせとして最も適当なものを、次の中から一つ選び、その記号を書きなさい。（愛媛県）

ア **A** さらに　**B** むしろ
イ **A** さて　**B** なぜなら
ウ **A** しかし　**B** いわば
エ **A** また　**B** すなわち

□

こう考える

Aの前後では、日本文化に存在する「見立て」について、「枯山水」と「落語」の二つの例を示して説明している。「枯山水」も「落語」も例として対等の関係。

Bの前後では、おせち料理に入っているきんとんが「金色」であることを、「財の見立て」という表現を使って補足説明している。

3 次の文章を読んで、あとの問いに答えなさい。

熱帯雨林の保護を声高に叫ぶ人は多くても、庭木や街路樹の保護に熱心な人は少ない。少ないというより、むしろ落葉や樹陰を理由に樹を伐ることに賛成する人が多数を占める場合さえある。

人類に利益をもたらすという視点から、樹木の大切さについて書いてきた。しかし、もう一つ「生き物としての樹」という視点がある。樹木を伐るということは一つの命を絶つことである。樹木は悲鳴もあげなければ、血も流さない。動物愛護についてはむしろ＊急進的・熱狂的と思われるほどに声高に叫ばれる昨今でも、命あるものとしての植物の扱いという視点は、ほとんど欠如していると思う。自らが植えて自らが邪魔だといってその命を絶ってしまう。動物に置き換えて考えてみれば、そのわがままさ、その残酷さが理解できよう。

街角の樹木の枝は伸びてくると、電線などに引っかかる恐れがあるとして、ほとんどの場合、切り落とされる。［　　］、この樹木にのびのびと枝を伸ばさせるために、引っかからない場所に電線を移動させることも不可能ではないはずである。自然への優しさが問われている昨今、人間の側に何の迷惑もない場合だけ優しさを口にするというのでは、それは本当の優しさとは思われない。一本の樹木のために、塀を曲げてつくった例、屋根の一部を切り取って、そこから樹木が枝を伸ばしている例、私たちの周囲に昔からこんな優しさの例をいくらでもみつけることができる。

（三島次郎「街角のエコロジー」より）

（注）＊急進的＝急いで目的を実現させようとするさま。

問い　文章中の［　　］に入る言葉として最も適当なものを、次の中から一つ選び、その記号を書きなさい。また、その言葉を選んだ理由を説明した、あとの文の（　）に入る適当な言葉を書きなさい。（三重県）

ア　つまり　**イ**　だから

ウ　しかし　**エ**　しかも

・文章中の［　　］の、前に書かれている事柄と、あとに書かれている事柄の関係が、（　　）であるから。

チャレンジ

［　　］の前では「樹木の枝は伸びてくると……ほとんどの場合、切り落とされる」と述べているのに、あとでは「枝を伸ばさせるために……電線を移動させることも不可能ではない」と述べている。このような内容をつなぐ接続詞を考えよう。

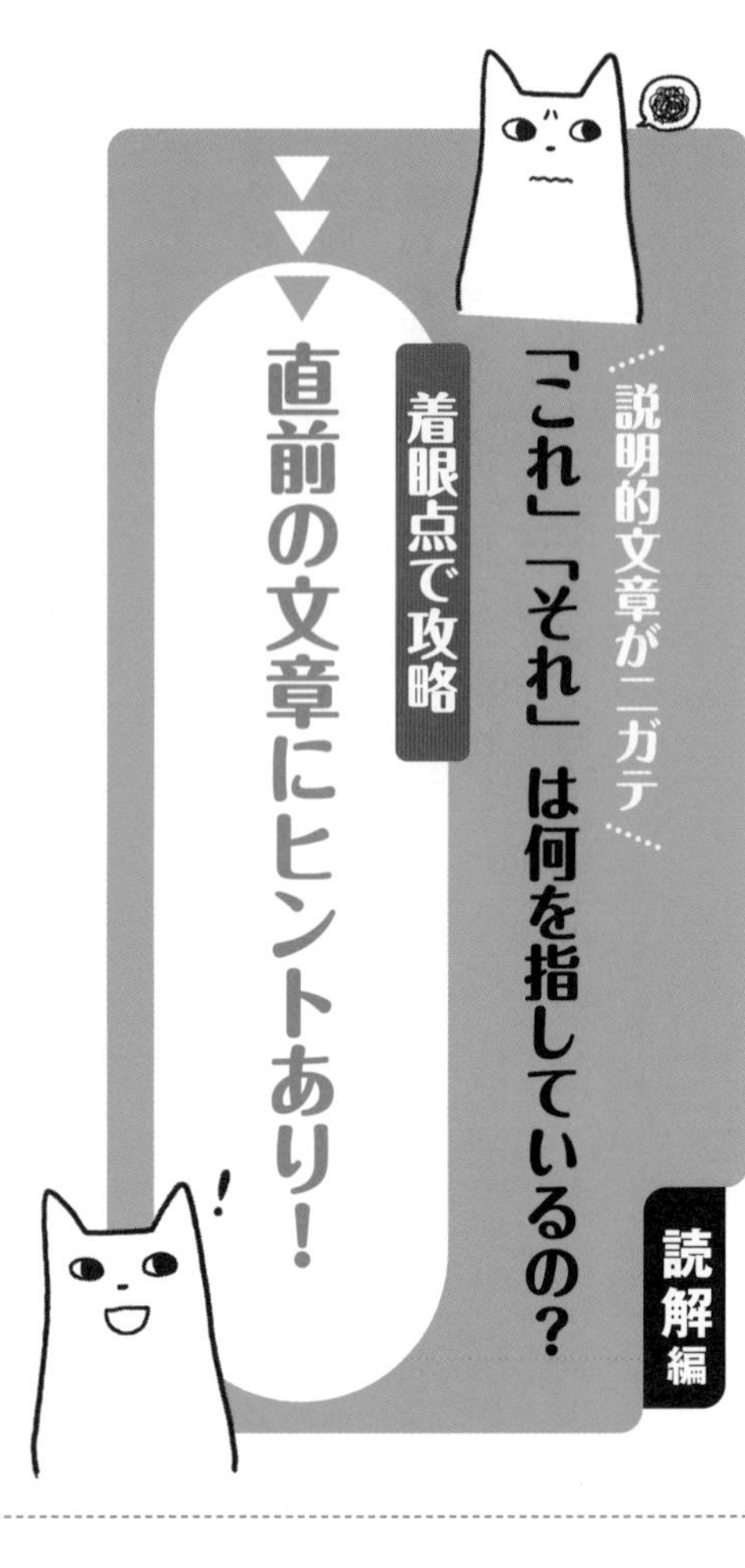

説明的文章がニガテ

「これ」「それ」は何を指しているの？

着眼点で攻略 直前の文章にヒントあり！

指示語の問題は、直前の文章の中に指すものがあることが多い。まずは直前を探してみよう。

この手順で解く

指示語の直前を読んでみる。
←
指示語が指している言葉が見つかったら、指示語の場所に入れてうまくつながるか確認！

例題

さて、森林の美しさが、視覚に訴えるものであることはいうまでもないが、それだけだろうか。梢にさえずる鳥の声や風のわたる音、草むらにすだく虫の声、渓流のせせらぎは聴覚に訴える。木々や下草の花の香り、木々の発する香気、枯草の匂いは臭覚に、木の肌のぬくもり、適度な空気のしめり気、清冽な水などは触覚に、そして清く冷い水、きのこや山菜、木の実や果実などは味覚に訴える美である。**森林は五感すべてに対する美を持つ。**

さらに、画趣や詩趣といった言葉で表現される精神的な美もそこにある。古来、絵画、文学、音楽などの芸術の題材として、どれほど森林が採りあげられてきたことか。

（只木良也「ヒトと森林」より）

問い ——線部「そこ」が指している最も適当な語を、漢字二字で抜き出しなさい。（京都府）

「さらに、画趣や詩趣……精神的な美も」とあることから、「さらに」の直前の一文に注目し、美しさがどこにあるかを探す。

答え 森林

入試問題にチャレンジ

答え ↓ 別冊12ページ

1 **次の文章を読んで、あとの問いに答えなさい。**

さくらさくら
さくら咲き初め咲き終わり
なにもなかったような公園

デンマークの高校生に、短歌の話をしたことがある。学校の教室だったが、きちんと椅子に座ってではなく、生徒たちは思い思いのスタイルだった。床で膝を抱えていたり、机の上にぴょんと腰掛けて足を組んでいたり。それだけで私にはカルチャーショックだったが、みな熱心に話を聞いてくれて、結果、何の問題もなかった。

古典の短歌は古めかしく見えても、そこに詠まれた心情は、今に通じるものがある……その例として「世の中にたえて桜のなかりせば春の心はのどけからまし（この世に桜というものがなかったなら、春の心はどんなにのどかなことだろう）」という在原業平の一首を紹介した。日本人は今でも、桜の季節が近づくとそわそわし、咲いたら咲いたで高揚し、散ればまた気がぬけたようになる。まさに、この花のために、のどかではない春を過ごしている。

だが、彼の地の高校生たちは、ぽかんとしていた。なぜ大の大人が、花ごときにそんなに振り回されるのか、という顔をしている。補足のために「桜前線*」のことを話すと、ゲラゲラ笑い出す始末。「花が咲きそうかどうかがニュースになるなんて」というわけだ。

（俵万智「たんぽぽの日々」より）

（注）＊桜前線＝日本国内各地の桜の開花日をつないだ線。

問い ——線部「そこ」とは何を指していますか、本文中から抜き出しなさい。（富山県）

こう考える

「そこ」が指しているものを直前の文章から見つけたら、左の[　]の（　）に入れて読んで、意味が通じるか確かめよう。

古典の短歌は古めかしく見えても、（　　）に詠まれた心情は、今に通じるものがある……

近い言葉から順にあてはめて、つながるものを探せばいいよ。

2 次の文章を読んで、あとの問いに答えなさい。

疑いだせばキリがない。自分がこの眼で見ているものでさえも、本当にそれが正しい真の姿かどうかと問われれば、怪しいものだ。自然界のほとんどのものは変化し続けている。風が吹き、木がそよぎ、川は流れ、人は泣いたり笑ったりと大忙しだ。動かない石のようなものでも、天候の変化ひとつで眼に映る印象は刻々と変化し続けているではないか。

とすると、写実的な表現で描かれた絵を見て、本物そっくり、もしくは写真のようだ、という時に、本当に知を働かせて真に迫ろうとしているかどうか、一度考えてみる必要がありそうである。

哲学者や科学者が真実を追究するように、人間の心がもっている知的能力をふりしぼって、真の姿を絵に描く、ということは実はそう簡単なことではないはずだ。

現代人は、写真や映像などの〈イメージ〉を簡単に手に入れることができるために、それを「真実の姿」と思い違えていることも少なくない。そのため写実主義という意味をきわめて表面的な、狭い意味でしか捉(とら)えられないことにもなってしまう。中には、写真のイメージをそのまま絵に置き換えるという、それ自体およそ知的でない表現であっても、〈真〉を描いた写実的な表現だと勘違いしてしまうことすら実際には起きているのである。写真のようにリアルに描けている、というだけで安心してしまうことは、人間にとってきわめて当たり前の心のありようである。しかし、そのことと作品の心をわかることとは違うということだけは強調しておかなければならない。

（古田亮(ふるたりょう)「美術『心』論　漱石(そうせき)に学ぶ鑑賞入門」より）

問い　――線部「そのこと」の指し示す内容として最も適当なものを、次の中から選び、記号で答えなさい。（山口県）

ア　現代人は、簡単に写真や映像の〈イメージ〉を入手し、複製することができること。

イ　写真のようにリアルに描かれた作品を見て、真の姿を捉(とら)えたものだと思い込むこと。

ウ　眼に映る映像よりも、心がもつ知的能力によって感じられる真の姿を探し出すこと。

エ　写真のイメージを絵に置き換えて表現することを当然の心のありようだと知ること。

□

こう考える

指示語の直前の文章をよく読もう。「作品の心をわかることとは違う」のは何かを、文章の中から探して抜き出してみよう。それと合う選択肢はどれだろう?

3 次の文章を読んで、あとの問いに答えなさい。

マーシャル・マクルーハンは、こんな話を紹介している。

二〇世紀の前半、あるアフリカの村で、白人の衛生監視員たちが、村人たちに衛生の大切さを教える映画を見せた。上映後、監視員は、村人に「あなたたちは映画で何を見ましたか」とたずねた。監視員は「手を洗っているのを見ました」とか「服をきれいにしているのを見ました」といった反応を期待していたはずだ。ところが、村人から返ってきたのは「ニワトリを見ました」という答えだった。一人だけではなく、みな同じことをいった。

監視員たちはとまどった。映画は衛生の大切さを説いたものであって、ニワトリとは関係ない。そもそもニワトリが映画に出ているはずなどなかった。いぶかしんだ監視員が注意深く映画を見なおすと、途中で、一瞬、画面の下をニワトリが横切る場面が見つかった。撮影現場のそばにいたニワトリが偶然カメラに映りこんでいたのだった。監視員たちは、このときまで、だれもそのことに気づいていなかった。しかし、村人たちにとって、この映画でもっとも印象に残ったのが、このニワトリだった。一方、監視員たちが伝えたかった映画の筋については、村人はまったく理解していなかった。

この話は、無文字社会の人びとが映画の内容を理解できないことを伝えているわけではない。人は、自分たちの文化的な文脈の中にあるものしか見えないのである。われわれが映画を見てストーリーを理解できるのは、そこに使われている約束事を学習して理解しているからだ。

たとえば、ドラマの中で男性の笑っている顔が映り、つぎに女性が照れている顔が映ったら、われわれは説明されなくても、二人が同じ場所で見つめ合っているとわかる。それはふだんからテレビや映画を通して、そういう映像の文法に慣れ親しんでいるからである。しかし、そうした約束事を知らなければ、男と女の関係を結びつけては考えられない。監視員たちが上映した映画の中に、村人がニワトリしか見えなかったのは、唯一、ニワトリだけが村人の生活の文法で解釈できるものだったからである。

(田中真知「美しいをさがす旅にでよう」より)

問い ――線部「そのこと」とはどういうことか、書きなさい。 (石川県)

チャレンジ
監視員たちは「どういうこと」に気づいていなかったのだろう？直前の文章をよく読んで探してみよう。見つかったら「～こと」という形に変えて「そのこと」の部分に入れて読んでみよう。

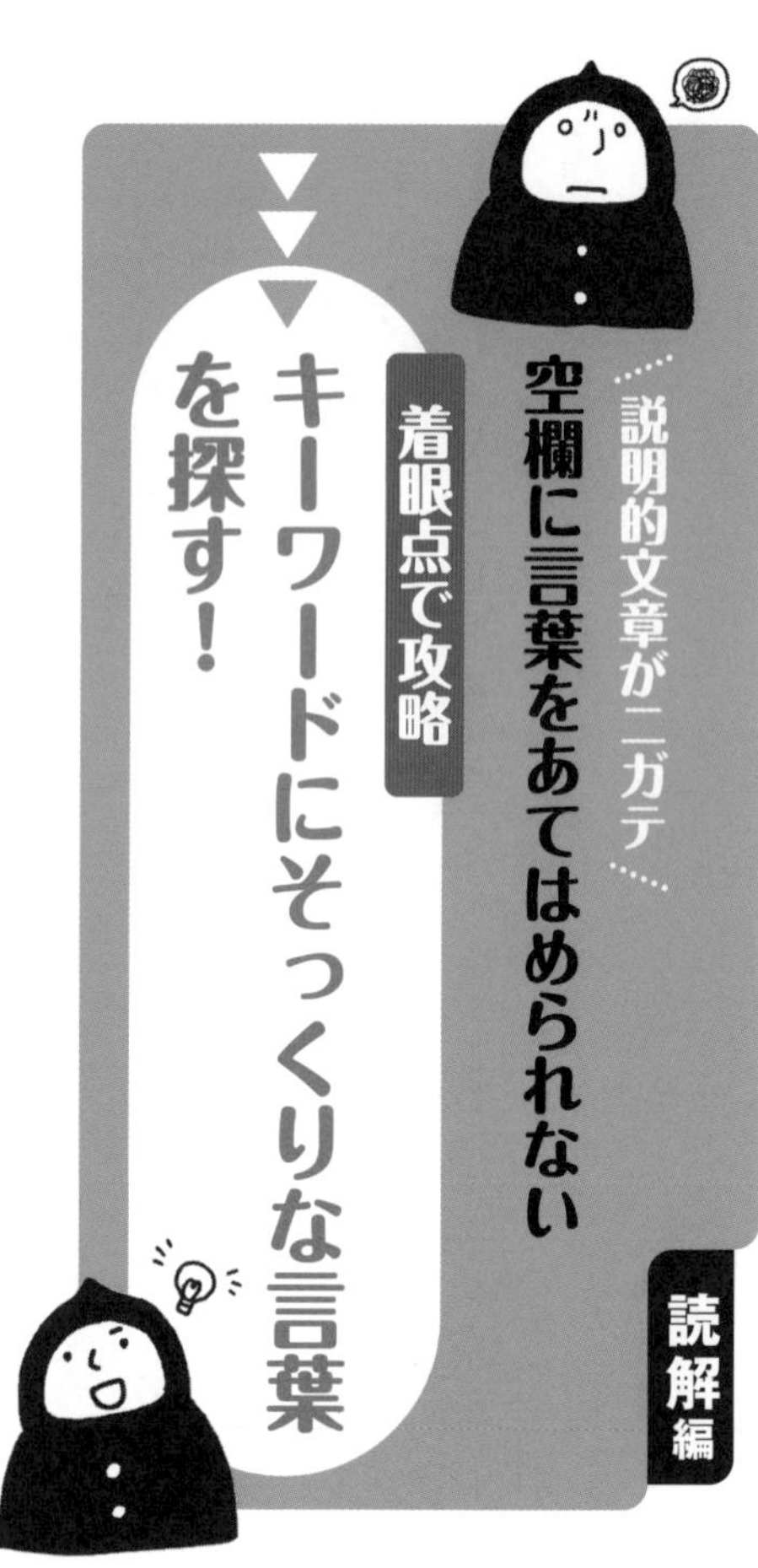

読解編

説明的文章がニガテ

空欄に言葉をあてはめられない

着眼点で攻略 キーワードにそっくりな言葉を探す！

空欄の前後にある言葉（キーワード）に注目し、その言葉と似た言葉や表現があるところを本文から探し出そう。

この手順で解く

空欄の前後の言葉（キーワード）に印をつける。

←

本文中に同じような言葉や表現がないか、探してみよう。その近くに空欄に入る言葉や表現があるはずだ！

裏ワザ まったく同じ表現がなくても、似たような言葉や言い換えた表現があれば、それがヒントになる！

例題

他者と私が出合う前は、他者も私もそれぞれのリズムで息をしている。出合ったとき、他者の息も私の息も互いの息の影響を受ける。たとえば、他者の息のリズムが早ければ、私の息のリズムも早くなるということが起こる。あるいは、堅苦しいという印象を受ける人と場を共にすれば、息苦しくなるということが起こる。たとえ、言語的コミュニケーションがなくても、その他者がその「場」にいるだけで、私の息は変わる。

したがって、息に焦点をあててみれば、二人の人間が出合うということは、息と息とが「出合う」ということでもあると言うことができる。

（齋藤孝「息の人間学」より）

問い ——線部について、「息と息とが『出合う』」とはどういうことですか。——線部より前の文章中から、次の形に合うように二十字以内で抜き出して書きなさい。（長崎県）

・二人の人間が出合うことによって、□ということ。

こう考える

□の前の「二人の人間が出合う」に注目。本文中にこれと同じような表現がある。

答え 他者の息も私の息も互いの息の影響を受ける

入試問題にチャレンジ

1 **次の文章を読んで、あとの問いに答えなさい。**

人間の心のエネルギーは、多くの「鉱脈」のなかに埋もれていて、新しい鉱脈を掘り当てると、これまでとは異なるエネルギーが供給されてくるようである。このような新しい鉱脈を掘り当てることなく、「手持ち」のエネルギーだけに頼ろうとするときは、確かに、それを何かに使用すると、その分だけどこかで節約しなければならない、という感じになるようである。

このように考えると、エネルギーの節約ばかり考えて、新しい鉱脈を掘り当てるのを怠っている人は、宝の持ちぐされのようなことになってしまう。あるいは、掘り出されないエネルギーが、底の方で動くので、何となくイライラしていたり、時にエネルギーの暴発現象を起こしたりする。これは、いつも無愛想に、感情をめったに表に出さない人が、ちょっとしたことで、カッと怒ったりするような現象としてあらわれたりする。

自分のなかの新しい鉱脈をうまく掘り当ててゆくと、人よりは相当に多く動いていても、それほど疲れるものではない。それに、心のエネルギーはうまく流れると効率のいいものなのである。他人に対しても、心のエネルギーを節約しようとするよりも、むしろ、上手に流してゆこうとする方が、効率もよいいし、そのことを通じて新しい鉱脈の発見に至ることもある。心のエネルギーの出し惜しみは、結果的に損につながることが多いものである。

（河合隼雄（かわいはやお）「こころの処方箋」より）

答え➡別冊13ページ

問い　文章中の――線部に「心のエネルギーの出し惜しみ」とありますが、人がこのような行動をとるのはどういう考えがあるからですか。それについて、筆者が考える理由を次のような一文で説明するとき、□にあてはまる言葉を、文章中から十一字で抜き出して書きなさい。ただし、句読点その他の符号も字数に数えるものとします。（高知県）

・「心のエネルギーの出し惜しみ」をする人は、新しい鉱脈の発見よりも、エネルギーを節約して□のみに依存しようとする考えがあるから。

こう考える

□の前後の言葉に注目しよう。「新しい鉱脈の発見よりも」「エネルギーを節約」「依存」とよく似た言葉を本文中から探そう。

2 次の文章を読んで、あとの問いに答えなさい。

現代は用意された商品的「楽しさ」が多すぎる。一例を挙げれば、「工作をしたい。」「なにかを作って楽しみたい。」という人のために、懇切丁寧な「工作セット」なるものが売り出されている。木材が全部その形に加工されていて、接着剤も入っている。組み立て説明図に従って、指定された順番のとおりに作れば、はい、できあがり。そういうものが、今の世の中にあふれている。自分で材料を集めるよりも手軽で、ときとして安い。道具をそろえる必要もない。劇的に楽なのは、「何を作ろうか。」「どう作ろうか。」と考えなくて良いことだ。こんな気楽なことはない。安いし楽だし、できあがったものは、もしかして自分で考えて作った場合よりも見てくれ*が良いかもしれない。良いことずくめではないか。

いったい、何が悪いというのか？

なにも悪くない。誰も悪くない。そういう親切なキット*を売り出す人は、きっと入門者に対する親切心から、至れり尽くせりの状況を用意するのだろうし、そこまでしてやらないと、今の子どもたちは本当にものを作ろうとしない。手を差し伸べなければならないのだ、という使命感がこういった商品開発を推進するのだろう。

しかし、そもそも工作というのは、楽をするために行うものだろうか？　ラジオを作るキットがあるが、あれを作る人は、ラジオが欲しいのだろうか？　そういう時代は過去にあったが、今はそうではない。工作は、楽しむためにする行為なのである。簡単な工作セットを説明書どおり作った気でいても、そばで見たら、それは明らかに、「作らされている」姿である。

（森博嗣（もりひろし）「自分探しと楽しさについて」より）

（注）＊見てくれ＝外見
＊キット＝材料一式

問い　――線部について、筆者は工作セットについてどのような問題意識を持っていますか。それを説明した次の文の**ア**、**イ**の□に入る言葉として最も適当なものを、文章中からそれぞれ五字以内で抜き出して書きなさい。（福井県）

・本来、工作は**ア**ためにするものであるのに、**イ**ためにするものになっていること。

ア ……

イ ……

こう考える

筆者は、「工作」を何のためにするものと考えているのだろう。文中から「～ためにする」という言葉を探そう。

3 次の文章を読んで、あとの問いに答えなさい。

私は大学で、四人一組になって、一人ずつ企画のプレゼンテーションをするという授業をする。聞いている三人には、それをもとに、「その企画をよくする具体的なアイディアを出す」ことを求める。「それでいいんじゃないですか」のようなコメントや、ただの批評・批判は不要だといっている。

一人が企画のプレゼンテーションを行っている間に、聞いている側は、それをよくする具体的なアイディアを思いつかなければならない。「この企画を実行に移すとなったら、どうすればいいのか」「どうすればもっとよくなるか」という視点を持ってプレゼンテーションを聞かなければならない。

そして、四人で順番にプレゼンテーションしていき、最終的に、だれがいちばん他人の企画に対してアイディアを出せたかを投票する。アイディアを出すことが場に対する貢献であるということを学ぶのが、この授業の目的である。

コメントがないというのは論外だが、コメントをいっていても、ほめたり弱点を突いたりするケースがある。一般的には、それが会議やディスカッションのレベルだろう。しかし、そんなことで時間を取っていても仕方がない。

まず、アイディアを出して、その考えがよくないと思ったら、どんどん違うアイディアを出して乗り越えていくということを、全員がやるようにする。

これを積み重ねていくと、言葉によって現実をよくしていこうという感覚が生まれてくる。また、相手が話していて、それを聞いてその刺激を受けながら、自分も考えるようになり、思考が進みやすい状態になっていく。

（齋藤孝「アイディアを10倍生む考える力」より）

問い ――線部「場に対する貢献」とありますが、これはどういうことですか。それを説明した次の文の□にあてはまる言葉を、文章中から二十一字で抜き出して書きなさい。（岩手県）

・アイディアを出すことで□が生み出され、議論の場が活性化するということ。

チャレンジ

「アイディアを出す」「生み出す」「議論の場が活性化する」という言葉に似た表現がないか探してみよう。どんどんアイディアを出していくという行為によって何が生み出されてくるのかを考えよう。

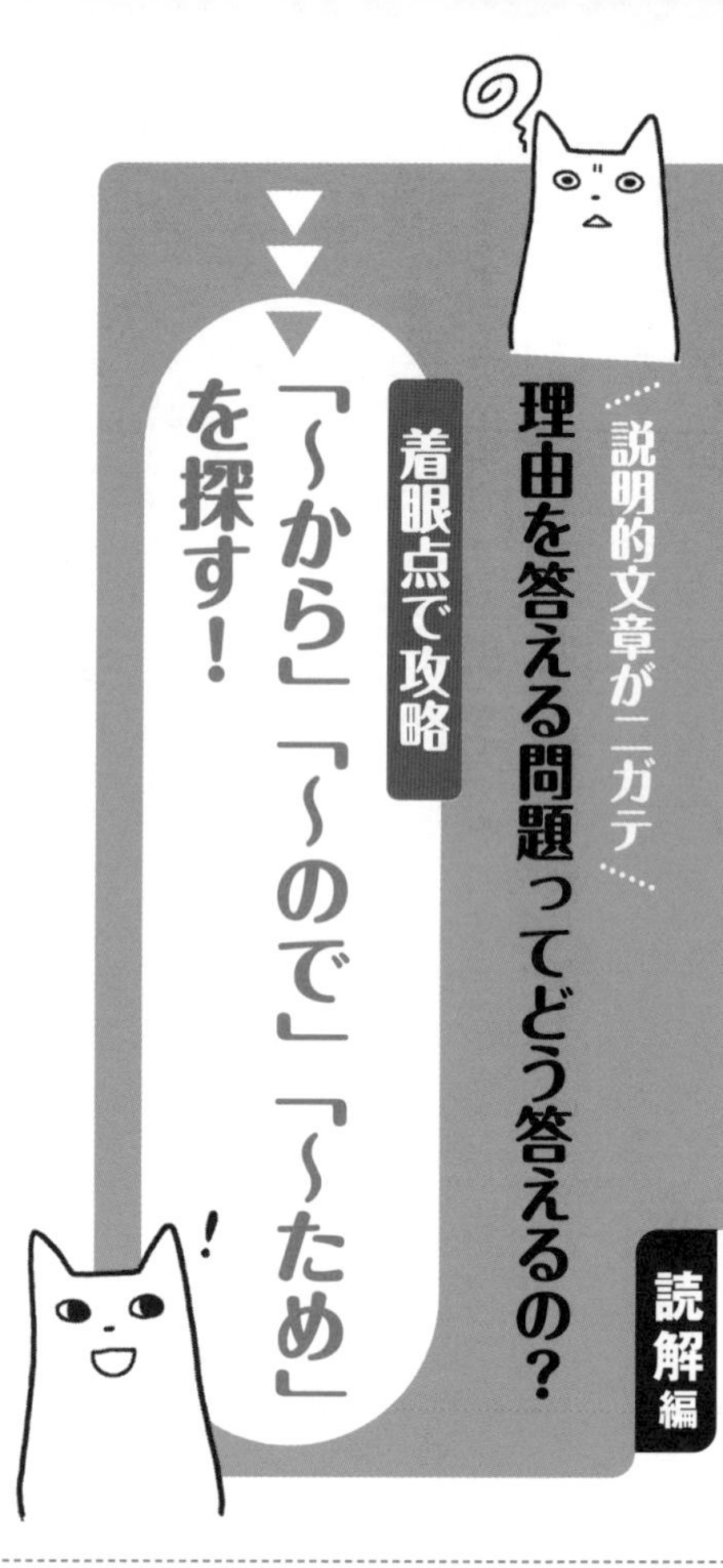

読解編

説明的文章がニガテ

理由を答える問題ってどう答えるの？

着眼点で攻略

「〜から」「〜ので」「〜ため」を探す！

説明的文章では、何かの理由を説明するとき、よく「〜から」「〜ので」「〜ため」と書かれる！

この手順で解く

「〜から」「〜ので」「〜ため」を探す。
←
「〜」を含めた部分が答えだ！

例題

籠（かご）を編む老人がこう言っていた。「頭はどんどんもの忘れしていくけれど、手が覚えたものは忘れないね。」と。手仕事は頭ではなく、手が記憶している。籠の細部のかたちから、全体のかたち。竹を曲げる時の力加減や素材の特質。どれも何度も繰り返し覚えたことだから忘れることはない。

（三谷龍二（みたにりゅうじ）「僕の生活散歩」より）

問い ――線部「手が覚えたものは忘れないね」とありますが、なぜ忘れないと筆者は述べていますか。忘れない理由を述べている部分を本文から十五字で抜き出して書きなさい。

（群馬県）

こう考える

段落の最後に「……どれも何度も繰り返し覚えたことだから忘れることはない。」とある。「〜から」があるので、ここが理由だ！

答え 何度も繰り返し覚えたことだから

裏ワザ 〈「〜から」「〜ので」「〜ため」が見つからないとき〉

もし文章中に「〜から」「〜ので」「〜ため」が書かれていなくても、これらの言葉が入る場所を本文中から探せばＯＫ！

入試問題にチャレンジ

1 次の文章を読んで、あとの問いに答えなさい。

地球はホットケーキのような円盤状のものなのか、それとも丸い球なのかという問いをいまでも私はもっている。こんなことを言ったら小学生にも笑われてしまうだろう。地球が大きな球であることはわかりきったことなのだから。それでもなおこのような問いをもちつづけているのは、私たちが生きている世界、つまり視覚的にとらえられ、歩いたり走ったりする世界では、地球は山や谷というデコボコを伴った平面の世界として存在しているからである。

私が地球は球であることを実感することがあるとすれば、遠い外国まで飛行機で行くときくらいで、このときだけは地球は平面ではなく球であることに同意せざるをえない。つまり、地球は球であるという実感は、私が生きるうえでのすべてのことを飛行機にゆだねてしまったとき、換言*すれば科学や技術の力に生命をまかせてしまったときに発生するのであって、日々の見たり聴いたり、話したり、歩いたりすることを大事にしている世界では、地球は平面的なものとして存在している。

(内山節(うちやまたかし)「清浄なる精神」より)

(注) *換言＝ことばをかえて言うこと。言いかえること。

問い ――線部「地球はホットケーキのような～私はもっている」とありますが、「地球が大きな球である」にもかかわらず、筆者がこの問いをもっているのはなぜですか。その理由を説明したものとして最も適当なものを、次の中から一つ選び、その記号を書きなさい。

(新潟県)

答え➡別冊14ページ

ア 世界が平面であることを、科学や技術の力で示したいから。

イ 人間が身体をとおして感じられる世界は、平面であるから。

ウ 日々の暮らしの中では、地球を平面だと錯覚しやすいから。

エ 地球が球であることを、実感できる機会を増やしたいから。

□

こう考える

少し長い文章だが、まず「～から」「～ので」「～ため」を探してみよう。一段落中に二つあるので、どちらが――線部の理由としてふさわしいかを考えよう。

「～から」「～ので」「～ため」がたくさんあるときは、――線部の近くから見ていこう。

2 次の文章を読んで、あとの問いに答えなさい。

私たち日本人は、いまかなり寛容な世界に住んでいる。ムラ社会的な世間の目やしきたりを互いに気にし合いつつ生きてきた日本人の生活感覚は、都市社会の成熟とともにずいぶん変質し、「やるもやらぬも本人の勝手次第。迷惑さえかけなければ、いちいち後ろ指を指されることを恐れる必要はない」という個人主義が浸透している。たとえば冠婚葬祭のやり方、勤務時間や服装、隣人とのつきあいなど。

しかし同時にこのことは、対人関係における「自己決定」の機会を増やし、その分だけ、決断に関わる不安を個人のなかに作り出しているといってよい。

というのも、まったく無限定な意味での「個人の自由」といった理念は、この世の実生活においては、具体的に実現されることはあり得ず、たとえ「個人主義」がいくら浸透したとしても、人間が生活していくということには、身体や情緒*や理知*を絶えず他者への表現として投げかけつつ、相互に影響を及ぼし合うことが本質的な条件として含まれているからだ。

（小浜逸郎（こはまいつお）「大人問題」より）

（注）＊情緒＝様々な感情を生む心の動き。
＊理知＝物事の道理を論理的に考え判断する能力。理性と知恵。

問い ——線部「決断に関わる不安を個人のなかに作り出している」とありますが、決断する際に不安を感じるのはなぜですか。その理由を説明したものとして最も適当なものを、次の中から一つ選び、その記号を書きなさい。（栃木県）

ア 自由が無制限に拡大していくために、私たちが決断することで社会とのつながりが失われてしまうから。

イ 自由が無制限に拡大していくために、私たちが決断することで都市社会の成熟が妨げられてしまうから。

ウ 際限のない自由は実際には存在せず、私たちは地域社会への貢献を重視して決断する必要が生じるから。

エ 際限のない自由は実際には存在せず、私たちは他者との関係を意識して各自で決断することになるから。

□

3 次の文章を読んで、あとの問いに答えなさい。

複製は便利ですが、便利であることがかえって短所ともなります。映画館とは異なり、居間でなら、寝ころがって映画のＤＶＤを見ることもできます。止めて、トイレに行くこともできます。電話がかかってきたなら、再び中断して、あとで続きを見ることも可能です。なにしろ、そのとき、その映画はわたしだけのもの、だからです。しかし、このような便利さの条件のもとでは、作品に集中することは、ずっと困難です。芸術作品が集中を要求するものであるならば、わたしの自由になるということは、芸術にとって好ましいこととは言えません。自由であるとき、われわれは怠惰になりがちです。

ＳＰレコードやＬＰレコードが非常に高価だった頃、レコード・コンサートというかたちの鑑賞会がありました。テレビでさえも、普及の当初においては、近所の人たちを交えて、大勢で一台の受像機を見るということがありました。いまや、テレビは一人一台と言われ、一つの家庭のなかでさえ、各人が個室にひきこもって別々の番組を見ている時代です。テクノロジーは、われわれの生活様式を個人化しました。会話することなく、ｅメールをやりとりする。ヘッドフォンで音楽を聴く。子供まで、友達同士で遊ぶことなく、独りディスプレイと向かい合って「ゲーム」に興ずる、という有様です。

（佐々木健一「美学への招待」より）

問い ——線部「わたしの自由になるということは、芸術にとって好ましいこととは言えません。」とありますが、なぜですか。次の文は、その理由を説明したものです。［　　］に入る適当な表現を、十字以内で書きなさい。（宮城県）

・自由になると人は怠惰になりがちで、芸術作品に［　　　　　　　　　　］から。

チャレンジ

「〜から」「〜ので」「〜ため」は、——線の少し前に「なにしろ、そのとき、その映画はわたしだけのもの、だからです」とあるので、わかりやすい。このようなとき、人はどうなってしまうのかを考えよう。

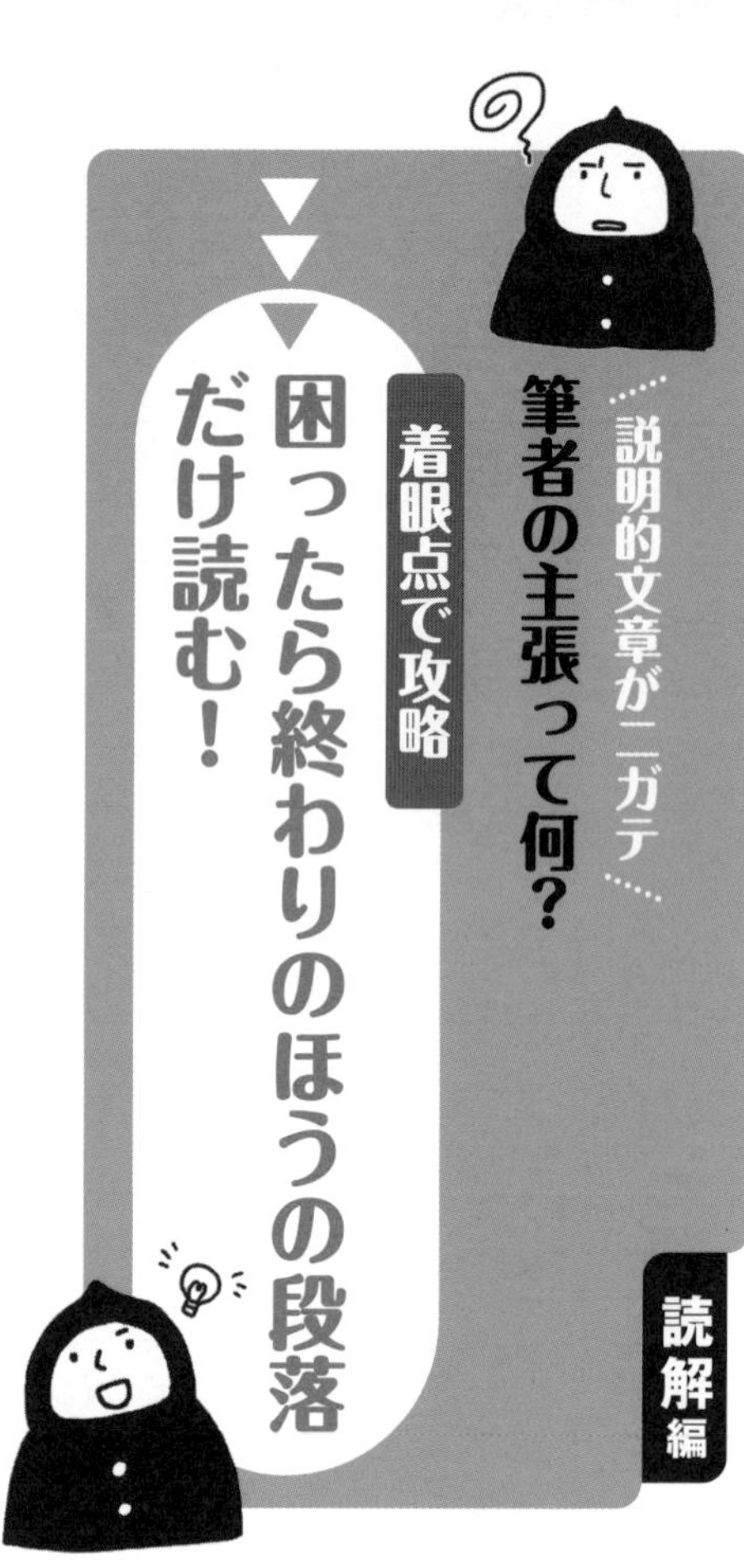

読解編

……説明的文章がニガテ……

筆者の主張って何?

着眼点で攻略

困ったら終わりのほうの段落だけ読む!

筆者の考えの中心は終わりのほうの段落にあることが多い!

例題

では、質問のように、なぜ雨あがりのサクラ並木で、桜もちの香りがしたのでしょうか。

原因は、桜並木のサクラの木の根もと付近にたまっている、サクラの古い落ち葉です。古い落ち葉は死んでしまっているので、桜もちの香りがほのかにします。お天気が続いていると、落ち葉はカラカラに乾いて水気を含んでいません。そのため、香りはほとんどしません。数日間雨が降ると、たっぷりと水を吸った落ち葉から、桜もちの香りがかすかに漂ってきます。

これは、容易に確かめることができます。雨あがりの日、サクラの木の根もと付近にある、水気をたっぷりと含んだサクラの古い落ち葉を一枚、そっと拾い上げて、香りを嗅いでください。桜もちの香りがほのかに漂ってきます。

多くの植物の葉っぱは、秋に枯れ落ちます。そんな光景を見ると、さびしい気持ちになり、葉っぱの命のはかなさを感じます。しかし、葉っぱはもの悲しくさびしい気持ちで生涯を終えるのではありません。

親株のまわりに落ち、枯れ葉や落ち葉になっても、虫に食べられて糞(ふん)になって土を肥やしたり、微生物に分解されて土に帰り、「腐葉土」の素材となります。腐葉土とは、文字通り、落ち葉が腐って肥やしとなる土です。落ち葉は、土に帰り、若葉が育つ＊糧(かて)になるのです。

サクラの枯れ葉や落ち葉は、それだけではないのです。親株の根もと付近に落ち、虫の嫌がる香りを放ち、親を守っているようです。腐葉土になるギリギリまで、香りを放っているのです。葉っぱの生き方の〝すごさ〟を感じずにはいられません。

（田中修(たなかおさむ)「植物はすごい」より）

(注) ＊糧＝ここでは「生きていく上での源となるもの」の意味。

問い ――線部「〝すごさ〟を感じずにはいられません」とありますが、筆者はどのような点に〝すごさ〟を感じていますか。二点について説明しなさい。

（富山県）

こう考える

サクラの葉の働きから探してみよう。「それだけではないのです」という言葉にも注意しよう。

答え **例**
・土を肥やし、若葉が育つ糧となる点。
・虫の嫌がる香りを放ち、親を守っている点。

入試問題にチャレンジ

答え➡別冊15ページ

1 **次の文章を読んで、あとの問いに答えなさい。**

人が何かに出会い、感動する。その感動の元をたどっていった時、その核のところには、こういった肯定の光景があるのではないだろうか。肯定の感情が世界を覆う、そのことを感動というのではないだろうか。

太田省吾「感動の光景」

「感動」とは「肯定の感情が世界を覆う」ことだ。そうに違いない。

感動というだれもが知り、しかしその経験をだれもがもどかしげに語るしかないことを、太田省吾は読む者の心を揺らす明澄な思考のことばで記している。

引用文の「こういった肯定の光景」とは具体的に何を示すのか？詩人の佐々木幹郎が一か月におよぶヒマラヤの徒歩旅行をした体験談を聞くところから、太田省吾の思索は始まる。

詩人はアンモナイトの巨大化石を見る目的でヒマラヤの山中を歩いたのだが、標高五〇〇〇メートルの高さの酸素欠乏の状態では、脳に何も思い浮かばずほとんど思考力を欠いてしまう。その下り道でのエピソード。下山しだすと、一歩ごとに酸素が濃くなっていくのが感じられ、身体に沁みてくるのがわかった。それにつれて脳も動きだす。そして四〇〇〇メートルの場所まで下りたとき、詩人は突然ある強い感情に打たれた。

目の前の視界は大きく広がり、遠く八〇〇〇メートル級の山々が聳えている。人間の姿が見えない。するといきなり「肯定の気持」が溢れでてきて、人間がいろいろ思い悩みながら生きていることが、「愛しく」なり、「抱きしめたいような気持」がふくらんで涙がとまらなくなったという。

詩人は高い標高での酸欠状態が脳に及ぼした影響だと、この原因を「科学的」に語ったのだが、太田省吾はそれを強い感情に襲われたことへの照れからくるものだと察するにとどめ、「肯定感情」を自身の病気による手術の体験に重ねて述べている。全身麻酔から醒めたとき、「なんでもないこと一々に、たとえばある人がそこにいることに、そこにいて手を動かし、話をしていることに感動していた」という。もちろん、この「肯定感」は意味や価値によるものではなく、ただ「生存ということ自体」の新鮮な驚きなのだ。

（中村邦生「いま、きみを励ますことば―感情のレッスン」より）

問い ――線部について、「肯定感情」を筆者はどのようなものととらえているか。適切な部分を、文章中から二十字以内で抜き出して書きなさい。（新潟県）

こう考える

筆者は、太田省吾の引用文から詩人の話を紹介し、最終段落で「肯定感情」についてまとめている。

2 次の文章を読んで、あとの問いに答えなさい。

現在の日本ブームには、世界的な文明の趨勢（動向・成り行き）と、自然環境や伝統的な生活との間に発生する軋みが大きくかかわっていると思う。日本風が見事に形づくる伝統とモダンの調和が、諸国で注目されるようになっているのも、その一つの表れではないだろうか。

八〇年代の頃までは、「伝統的な昔はよかった」という伝統回帰主義的な主張と、「文明や科学が発達した今がよい」という文明進歩主義的な主張は、相容れずに対立することが多かったと思う。それが近年では、この二つの正反対の主張をぶつけ合うのではなく、両立させていこうとする傾向がかなり見られるようになってきたと思う。

未来についての視野を広くするためには、今から先のことばかりに目を向けようとするのではなく、過去をできるだけ深く掘り下げていくことが肝心なのではないか。過去の掘り下げの深さが、未来の展望をもっと先までのばすことができるのではないか。そうした発想に至れば、伝統回帰主義と文明進歩主義はこれまでの対立をやめ、一体化した新しい考えを形づくっていく可能性が出現する。そんな新しい流れが、さまざまな分野で生み出されていると感じる。

たとえばエネルギーの分野でいうと、将来の自動車の動力源として期待されている水素を原料とする燃料電池の開発は、これまでの自然環境をめぐる考え方の対立を越えて、その両立へと向かおうとする意識の流れと深くかかわっていると思う。自然環境問題をめぐる主義の対立は、燃料電池のような新しい観点に立った技術開発の努力によって、しだいに消え去ろうとしているように思われる。その過渡期に日本から登場したのがハイブリッドカーなのだろう。

東洋、日本には古くから、「地球＝自然」もまた、ある意味での意志を持っている、という考え方があった。より古くは、すべての自然物に人間と同じように魂が宿っているという考えがあり、そこからさらに、土地には土地の意志があり、川には川の意志があるという考えに立った、西洋近代のエコロジー（生態学）とは異なる、東洋的な自然環境の理念があった。

漢方や風水などがその典型である。漢方では気脈の流れを感受して治療が施された。風水では地脈の流れを感受して住居や都市が形成された。そこには、人間の意志によって身体に働きかけているのでも、人間の意志によって自然環境に働きかけているのでもないという思想がある。自然な身体の側からの働きかけを人間が受けて、自然環境の側からの働きかけを人間が受けて、適切な治療を施し、適切な場所に生活拠点を形づくったのである。

そこでは主体は、人間の側にではなく自然の側に想定されている。これは、自然の意志を受けてはじめて適切な人間の働きが見いだせる、という世界観といってよいだろう。

東洋には、自然（おのずからそうであること）という言葉はあったが、天然自然の意味をもつネイチャーに相当する言葉がなかった。日本でも自然という言葉は近代以前にはなく、自然を表すには多くの場合、花鳥風月、草木虫魚などのいい方をした。どこかに自然という「もの＝事物」があるのではなく、個々具体的な場所としての大地や海と固有に結びついて花鳥風月、草木虫魚が生きているという「こと＝事象」がある。自然をそう感じ取っていたのが伝統的な日本人だったろう。

日本風が形づくる伝統とモダンの調和の「伝統」は、そうした花鳥風月、草木虫魚の自然観にまでとどくものといえる。そしてこの伝統的な自然観は、民間の祭礼習俗や神道的な宗教観を通して、いまなお日本人の自然観として生き続けていると思う。

そこに、日本人特有の「細部に対する繊細な目配り」の発信場所が想定できる。そこには、自然の細かな隅々にまで神が宿るという、微細な領域へ分け入っていこうとする精神性、小さな存在をいつくしむ精神性がある。これが「もののあわれ、わび・さび・いき」という、「どの国とも違う美意識」を生み出してきた。

日本の伝統いけばなが、完全な造形美術となることがないのも、神が降臨する樹木、あるいは魂が宿る植物という、自然な生命への聖なる感性が無意識の中で生き続けているからに違いない。

いけばな、劇画やアニメなどの世界的な人気は、そうした自然な生命への聖なる感性が、やはり人類すべてに内在し続けていることを物語るものといえるのではないだろうか。現代世界にあって、日本的な感性が多くの人々に迎え入れられていることはたしかだと思える。

（呉善花（オソンファ）「日本の曖昧力　融合する文化が世界を動かす」より。一部省略等がある）

問い　本文を通して筆者が特に述べようとしていることは何か。次の**ア〜エ**から最も適当なものを一つ選んで、その記号を書きなさい。（香川県）

ア　自然との共存を目指す日本文化の奥底には、人間が自然に積極的に働きかけることで、独特な美意識を生み出そうとする日本的な精神がある。

イ　現在の日本文化の背景には、自然を主体と考え、自然からの働きかけを受けて文明の急激な発展を制御していこうとする日本的な精神がある。

ウ　伝統と文明を調和させる日本文化の根底には、自然の細部にまで気を配り、小さなものにも命を感じて大切にするという日本的な精神がある。

エ　現在の日本文化の中心には、新たな技術を開発することで自然環境問題を克服し、自然と人間を共存させていこうとする日本的な精神がある。

チャレンジ

最終段落の内容に注目！「自然な生命への聖なる感性」「日本的な感性」とは、どのような感性だろう。

読解編

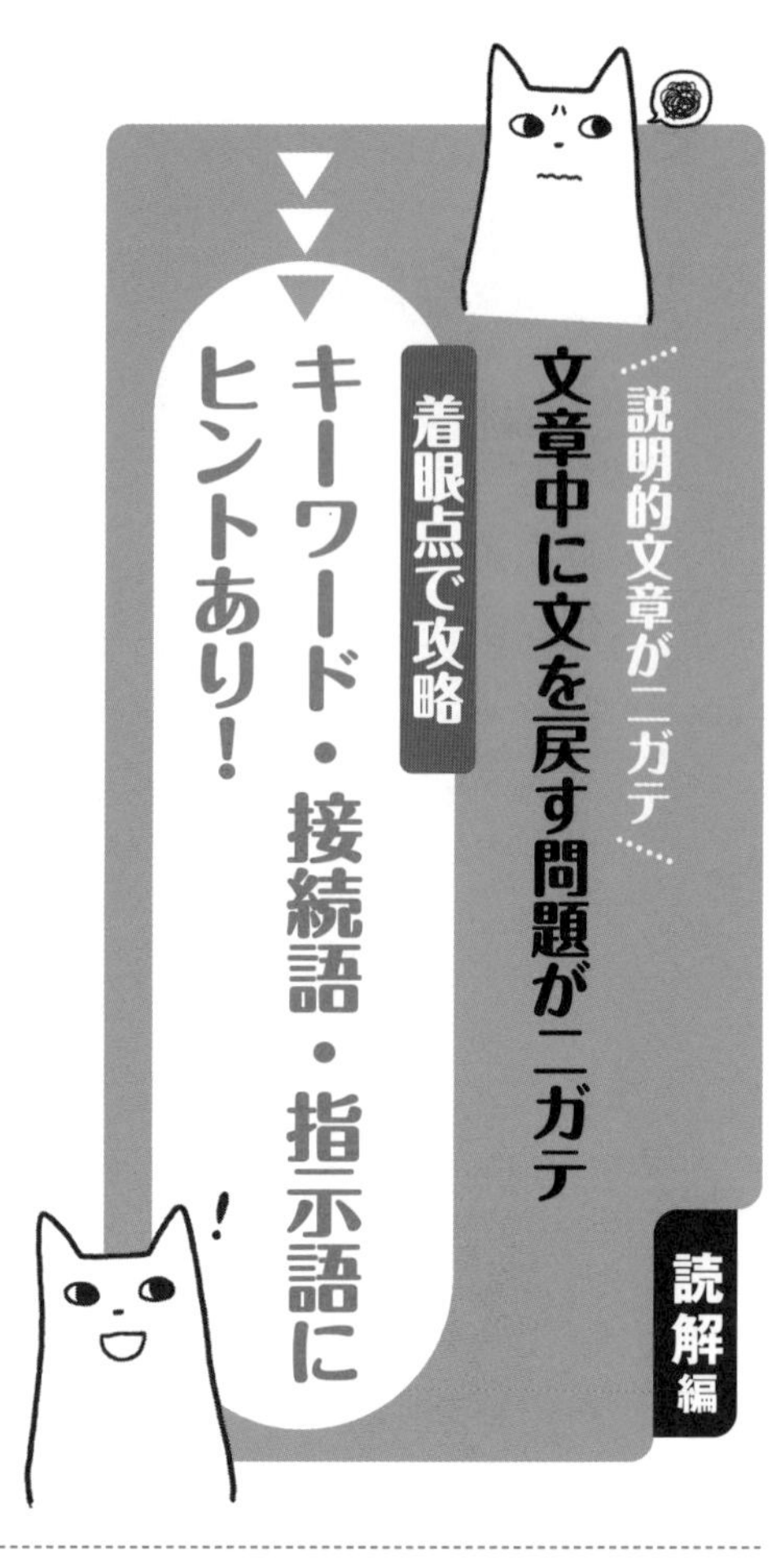

説明的文章がニガテ

文章中に文を戻す問題がニガテ

着眼点で攻略

キーワード・接続語・指示語にヒントあり！

「逆に言えば」「その問題は〜」など接続の表現に注意！ 指示語があれば何を指しているかをまず考えよう。

例題

一九世紀に始まるモダンデザインは、豊かで健康な生活様式を提案してきた。してみれば、ニューヨーク近代美術館（MoMA）などのモダンデザインの歴史的コレクションは、人々の生活を「豊か」なものにしてきたデザインの歴史的な事例だといえるだろうか。**〔ア〕**

「生活を豊かにするデザイン」というとき、それでは「豊かな生活」とはいったいどんな生活なのかという問いが生ずる。椅子（いす）やテーブルや食器などのデザインが暮らしを経済的に豊かにするとは誰（だれ）も思わない。したがって、この「豊かさ」は、メンタルな豊かさということになる。**〔イ〕**

「心地良い」生活を支えるデザインとはどんなデザインなのか。**〔ウ〕**

デザインを成立させている条件について、素朴な状況の中で考えてみると、わたしたちには「心地原則」というものがあるように思える。たとえば、どれほど狭いテント暮らしであっても、そこを少しでも快適にしたいという欲が誰にでもあるはずだ。山に登って、お弁当を食べるときにも、木陰を探し、座りやすい石や倒木があればそれに腰かける。これが「心地原則」である。つまり、自ら手にすることのできるテクノロジーや素材、あるいは経済的な条件の中で、できるだけ心地良いものや装置を考案（デザイン）する。これはわたしたちの心地良さを求めるいわば原則のようなものだ。**〔エ〕**

したがって、MoMAなどデザインを収集している美術館の多くが所蔵しているさまざまなものもまた、多様な「心地原則」に依拠して実現しようとしたデザイン（提案）の事例だといえるだろう。

（柏木博（かしわぎひろし）「デザインの教科書」より）

問い この文章には次の文が抜けています。この文を入れる最も適切なところを、**〔ア〕**〜**〔エ〕**の中から選び、その記号を書きなさい。（広島県）

・その「豊かさ」は「心地良さ」と言い換えることもできる。

こう考える

「その『豊かさ』」の「その」という指示語がどこを指しているか考えよう。キーワードは「豊かさ」。

答え **〔イ〕**

入試問題にチャレンジ

答え↓別冊16ページ

1 **次の文章を読んで、あとの問いに答えなさい。**

いい文章とは

いい文章はそれを読む者に充実した時間をつくり出す。知識が人を喜ばせる必要はない。技巧が人を楽しませる必要はない。人を利口にし、快く酔わせるよりも、それを読んで本当によかったと思わせる文章を書こう。

文章にとって何よりも大事なのは、すぐれた内容としてそのまま相手に伝わることである。したがって、いい文章には「いい内容」と「いい表現」という二つの側面がある。〔ア〕

どれほど凝った多彩な表現が繰り広げられても、その奥にある内容がつまらなければ、文章全体として価値が低い。それでは、いい内容はどのようにして生まれるのだろうか。すぐれた内容を生み出す特定の手段のようなものは考えられない。小手先の技術といったものは役に立たない。自己を取り巻いて果てしなく広がる世界のどこをどう切り取るか、それをどこまでよく見、よく考え、よく味わうか、そういうほとんどその人間の生き方とも言えるものがそこにかかわっているからである。豊かな内容は深く生きることをとおして自然に湧(わ)き出るのだろう。〔イ〕

一方、どれほどすぐれた思考内容が頭のなかにあったとしても、それが直接人の心を打つことはできない。というよりも、言語の形をとることによって、それがすぐれた思考であることがはじめて確認できるのである。その意味で、文章表現は半ば発見であり、半ば創造である。いい内容がいい表現の形で実現し、いい文章になる。〔ウ〕

それでは、いい表現はどのようにして生まれるのだろうか。それはまず、観念とも感情とも感覚ともつかぬ不定の何かに突き上げられるという内面的な切迫感を伴わなければならない。そのような芸術的衝動はある言語形式に自動的に定着するわけではない。そこには文章体験・執筆動機・作品意図・表現対象・伝達相手といったさまざまなものがからむ。文章表現が個人の主体的な行為でありうるのはそのためである。〔エ〕

（中村明(なかむらあきら)「日本語の美―書くヒント―」より）

問い 次の一文が入る最も適切な位置を、本文中の〔ア〕～〔エ〕の中から選び、その記号を書きなさい。（長野県）

・逆に言えば、すぐれたことばの姿をとおしてしか、すぐれた内容というものの存在を知ることはできないのである。

□

こう考える

「逆に言えば」とあるので、直後の「すぐれたことばの～」とは逆のことが書かれている文章が前にくる。

2 次の文章を読んで、あとの問いに答えなさい。

ことばを使うことが、人間だけの特技であるかどうかについては疑問がないわけではない。動物学者たちは、トゲウオやカモメ、そしてさらには、人間にひじょうにちかいサルの群れなどを観察して、これら動物の世界で、人間のことばとたいへん似た過程が進行しているという事実を発見している。そして、そのような発見についての報告を読めば読むほど、動物の「ことば」と人間のことばのちがいは程度の差にすぎないのではないか、と考えたくもなる。しかし、かりに程度の差であるとしても、人間の使っていることばと、動物のそれとのあいだには、大きな割れ目があるようだ。〔ア〕

なぜなら、人間同士ことばを使うことによって、お互いに「わかる」ことができるからである。動物の社会にも、ことばに似た現象はあるが、人間がことばによって「わかる」のとおなじような作用は、動物にはない。そこにあるのは、とりわけ下等動物になればなるほど特定の刺激に対するほとんど本能的な反応のようなものであって、人間同士のあいだにはたらく「理解」作用ではけっしてないのだ。〔イ〕

それではいったい、「わかる」というのはどういうことなのか。〔ウ〕

たとえば、お医者さんと患者との関係を考えてみよう。患者は、からだのある部分の痛みを訴えている。かれは医師に、その患部が「痛い」という。その「痛い」ということばをきいたとき、医師の内部ではひとつの過程が発生する。それは、患者が「痛い」ということばによって表現しているからだの状態に似た状態を、みずからの体験に即して想像する過程である。〔エ〕

医師みずからは、べつだんその部分に痛みを感じるわけなのではない。しかしかれは、患者が痛い、ということばによって表現しようとしているからだの状態がどのような性質のものであるかを知っているのである。〔オ〕

ひとりの人間の内部に発生している状態ときわめてよく似た状態がもうひとりの人間の内部に生ずる過程、それが共感である。そして、それはしばしば、生理的な次元でも発生する。単純な生理的共感は、たとえば、乳離れしたばかりの幼児にものを食べさせたりするときの親子の情景を思いうかべてみればよくわかる。子どもにアーンと口をあけさせるとき、しぜんに親の口も、そんなふうにひらかれてしまう。親が口をあけるから子どもがそれを模倣しているのだともみえるが、子どもが口をあけるのにつりこまれて、親が口をあけてしまうようにもみえる。〔カ〕

親しい人間同士を形容して「ともに笑い、ともに泣く」という表現が使われるのは、このような共感能力と関係する。ある人間のよろこびがそのままもうひとりの人間のよろこびになる、というのは、ふたりの人間のあいだに高度の共感が成立するということだ。ひとの悲しい経験に「貰(もら)い泣き」したり、面白い話に「つりこまれ」たり、という表現は、すべて、人間同士のあいだではたらく共感のふしぎな作用をあらわしているといってよい。〔キ〕

この共感作用は「同一化」ということばで記述される過程とかさなりあう。同一化とは、相手方の置かれている状況だの、相手方の内部で発生している状態だのと似た状況や状態を体験することだ。それは、われわれが小説を読んだり、映画を見たりするときのことを思い出してみたらいい。

たとえば、手に汗をにぎるような大活劇*というのがある。映画館のスクリーンのうえでは、ビルの屋根のうえをとんで渡ったり、スポーツ・カーで追跡をしたり、という活劇が展開している。それを見ているうちに、われわれはその活劇につりこまれる。スポーツ・カーが走りまわっている場面では、あたかも自分がその自動車を運転しているような気持ちになって、目のまえに突然ガケがあらわれたりするとハラハラしてしまう。ビルの屋上に追いつめられて、隣りのビルにとび移る場面では胸がドキドキする。まさしく「手に汗にぎる」のである。そして、そのときのわれわれは、映画のなかの登場人物に自分自身を置きかえているとはいえないか。

小説を読んでいるときもそうだ。主人公の境遇だの、人生の設計の仕方だの、われわれは小説を読みすすめるにつれて、主人公の立場と自分とを密着させてしまう。主人公が悲しければ、読者であるわれわれも悲しくなる。主人公がよろこべば、われわれもよろこぶ。われわれは主人公の「身になって」しまうのである。

共感、あるいは同一化がどんなふうにしてわれわれの内部で発生するのかはよくわかっていない。しかし、われわれは事実の問題、あるいは体験の問題として、共感の現象があることを知っている。われわれは「相手の身になる」能力をもっているのである。

（加藤秀俊「人間関係」より）

（注）＊活劇＝動きの激しい場面が多い芝居や映画。

問い 次の一文は文中から抜いたものです。本文中の〔ア〕～〔キ〕のうち、どこに入れるのが最も適当ですか、〔ア〕～〔キ〕から選び、その記号を書きなさい。（北海道）

たぶん心理学者のいう共感という考え方が、この問題を考える場合、有力な手がかりのひとつになる。

チャレンジ

「この問題」とあることに注目。どの問題を指すのか、文章中から探そう。指示語はほとんどの場合、直前の事柄を指すので、指示語が示しているものが見つかったら、その段落の最後に問題の文を入れてみて、うまく意味がつながるかどうか確認してみよう。

読解編

文学的文章がニガテ

登場人物の気持ちを勘で解いてしまう

法則で攻略

▼▼▼「みかんじる」の法則で解ける！

登場人物の気持ちは「見る」→「感じる」→「知る（心に残る）」（みかんじる）の順番で理解しよう。

この手順で解く

「悲しい」「うれしい」といった直接感情を表す言葉で気持ちを表現しているとは限らない。

←

登場人物の気持ちを表す言葉や行動や態度が書かれている部分に注意して読むようにしよう。

例題

窓の外は雨だった。もう三日も降り続いている。今朝は久しぶりに雲がきれ、青空がのぞいていた。このまま晴れるかもしれないと期待していたのに、お昼近くなって、また、ぽつりぽつりと雨が降り出したのだ。昼休みが終わろうとしている今、雨脚はさらに強く、風まで出てきた。まだ五月半ばだというのに、一年二組の教室はむっとするほど暑く、座っているだけで汗がにじむ。たぶん、雨の湿気のせいだ。からっと晴れてくれたらいいのに。藤野(ふじの)美月(みつき)はガラスに流れる雨粒を見ながら、小さくため息をついた。（あさのあつこ「おまもり」より）

問い ――線部「また、ぽつりぽつりと雨が降り出したのだ」とありますが、これは美月のどのような気持ちを表現していると考えられますか。次の中から最も適切なものを選び、その記号を書きなさい。（広島県）

ア 満足　**イ** 爽快(そうかい)　**ウ** 後悔　**エ** 憂鬱(ゆううつ)

こう考える

美月の気持ちを表す言葉に注意して読んでみよう。「期待していた」「からっと晴れてくれたらいいのに」「小さくため息をついた」こうした言葉からわかるのはどんな気持ちだろうか？

答え エ

入試問題にチャレンジ

1 次の文章を読んで、あとの問いに答えなさい。

中三の私（舞）と理佳子は、バレエの公演で「海と真珠」を踊る予定だったが、理佳子は自分の軽率な行動が原因で出演できなくなり、練習にも来なくなる。理佳子と一緒に踊ることにこだわる私は、他の演目での出演も断った。久しぶりに会い一緒に踊りたくなったふたりは、理佳子の家でふたりだけの練習を始める。

「いつも、ここで練習してるの？」

「試験前でレッスンを休むときとか、ちょこっと体を慣らすぐらい」

レオタードに着替えながら、理佳子はどうでもよさそうに言った。

「最初は倉庫のつもりだったのを、片付けてスタジオふうにしたの」

その名残なのか、天井から吊り下げられたポールには、理佳子が今まで踊った演目の色とりどりの衣裳が並べてかけられている。

「わあ、きれいな衣裳……いいなあ、なんか、夢みたい」

そんなことを言っても理佳子はあんまり喜ばない気がしたけど、言わずにはいられなかった。だって、私が夢にまで見たことのいくつもが、現実に目の前にあるのだ。私はちょっとでも気を抜いたら、うらやましくてうらやましくて、そっくりそのまま理佳子と入れ替わってしまいたいという欲求にのみ込まれそうだった。

「夢なんて、ここは全然そんなんじゃないよ」

案の定、理佳子はふてくされたような表情で言った。

（梅田みか「海と真珠」より）

問い ――線部における「私」の気持ちを説明したものとして最も適当なものを次の中から選び、その記号を書きなさい。（鹿児島県）

ア 存分にバレエにうちこめる理佳子の環境に憧れを感じている。

イ 理佳子が今まで踊った演目のあまりの多さに圧倒されている。

ウ 理佳子を取り巻くぜいたくなまでの条件に反感を抱いている。

エ つれない態度の理佳子をバレエに向かわせたいと思っている。

□

答え➡別冊17ページ

こう考える

――線部の直後の段落に、どうして「私」がこのようなことを言ったのかが書かれている。同じ段落にそのときの「私」の心情も描かれている。

2 次の文章を読んで、あとの問いに答えなさい。

（中学生の結城葵(ゆうきあおい)は、男子フィギュアスケートのジュニア選手である。同じジュニア男子の選手である桜沢輪(さくらざわりん)や小池和真(こいけかずま)と一緒のスケートクラブに所属し練習に励んでいる。昨日行われたアイス・フェスタというイベントでの演技中に、葵は突然転倒し、輪とぶつかりケガをさせてしまった。そのあとで、ライバルの瀬賀(せが)冬樹(ふゆき)にスケートへの姿勢や日ごろの練習内容について批判され、輪のケガはおまえのせいだと責められてしまう。）

『才能あるくせにぜんっぜん努力しねえで、ジャンプ以外グダグダな演技ばかりしやがって……。』

瀬賀に言われた言葉が、頭の中でぐるぐる回っている。

今のままの自分では、瀬賀の言葉にまったく反論できない。おれは、自分の好きなことや得意なこと以外は、努力してこなかった。自分のスケートがどれだけアンバランスなものなのか、うすうすわかっていたのに、ずっと目をつぶってきた。

認めたくないけど、おれは逃げてたんだ。

限界まで努力して、百パーセントの力を出し切って、それでも瀬賀に敵(かな)わなかったら……。そうなったら、スケートを続けていく気力を失うほどに打ちのめされてしまうのではないかと、そう思う気持ちが心の奥底にあって、目の前にある壁と真剣に向き合うことを邪魔していたのだ。

遠くの学校から来ている選手たちも到着して、リンクがにぎわってきた頃。

周回する人の流れを邪魔しないように横切り、フェンスにもたれて少し休憩する。ステップはジャンプの練習に比べたら転倒することも少ないし、体力的には楽やけど、なんか精神的に疲れるんやよな。リンクサイドに置いてあったペットボトルを取りにいこうとしたとき、すうっと滑ってきた人影が隣に立った。

「葵くん、今日は四回転の練習せえへんの？」

にっこり笑って話しかけてきたのは、*真白(ましろ)ちゃんだった。真白ちゃんの学校は遠いから、まだ練習始めて二十分くらいしか経(た)ってないと思うんだけど、その間にもおれがどんな練習してるのか見てくれてたのか。そう考えると、顔がにやけそうになる。いかんいかん、ちゃんと引き締まった顔で応対しないと。

「うん、しばらくはステップ中心でいくねん。やっぱり基本が大事やからな。」

ちょっと乱れてた前髪をかき上げながら、まじめな口調で言ってみた。今の感じけっこう大人っぽかったんとちゃう？　なんて思いながらチラッと見てみた真白ちゃんの顔は、なぜか曇っていた。

「もしかして、冬樹くんの言うたこと、気にしてるの？」

少し*眉(まゆ)をひそめたその表情に、なんだか息苦しくなる。真白ちゃんが何を言いたいのかが読めない。

「瀬賀の言うたことって、アイス・フェスタのときの……？」

問いかけると真白ちゃんは小さくうなずいた。そのまましばらく沈黙が続く。

「いや……気にしてる、っちゅうか、言われたこと、ほとんど、まあ、そのとおりやし……。」

口ごもってモゴモゴ言ってしまって、何言うてるんかわからなくなる。いつのまにか口尖らしてるし、なんかスネてるみたいでカッコ悪いわ、おれ。いろんな意味で自己嫌悪に陥りそうになっていたら、真白ちゃんが思いがけないことを言った。

「冬樹くんの言ったこと、間違ってはいないかもしれへんけど……わたしは、葵くんには、あんまり変わってほしくないな。何でも平均的にうまくできるっていうのも大事やけど、何かひとつでも人にはマネできない武器があるって素敵じゃない？」

「えっ？」

思わずドキドキしながら真白ちゃんの顔を見つめる。これってもしかして、ほめられてるんかな。人にはマネできない武器っていうのはおれのジャンプのことで、素敵なのもおれのことやんな？　いや「素敵じゃない」んだから素敵ではないってこと？　いやいや、「素敵じゃない？」って語尾上がってたから反語になってて……あぁ～わけがわからなくなって、頭掻きむしりたくなる。

心の中で頭抱えながら、フッと思った。

変わってほしくないってことは……変わらないでいいってことは……努力なんてしなくていいってことなのか？　壁なんか乗り越えなくたっていいってことなのか？

急に頭の中がクリアになっていく。

おれ……真白ちゃんに素敵って思われてるんやったら、ごっつい嬉しいけど。でも、今の言葉を「ほんまにそうやな。」って素直に受け止めることはできなかった。

（風野潮「クリスタル　エッジ　目指せ4回転！」より）

（注）＊真白ちゃん＝葵と同じスケートクラブの少女。
＊眉をひそめた＝心配事のため、顔をしかめた。

問い　——線部「頭掻きむしりたくなる」とありますが、このときの葵の心情の説明として最も適当なものを、次の中から一つ選び、その記号を書きなさい。（福島県）

ア　なんとか冷静に振る舞おうとしているが、心の中では真白の本心が理解できずに混乱している。

イ　態度に出すまいと我慢しているが、自分の決意と正反対のアドバイスをする真白にがっかりしている。

ウ　真白が励ましてくれたことには感謝しているが、的外れな意見を言う真白に不愉快さを感じている。

エ　顔には出さないでおこうと耐えているが、真白の心の中がはっきりわからないので悲しくなっている。

オ　真白の冷静な分析に感心しているが、今日の練習内容について口出しをする真白に腹を立てている。

チャレンジ

「思わずドキドキしながら真白ちゃんの顔を見つめる」以降の葵の心情に注目しよう。

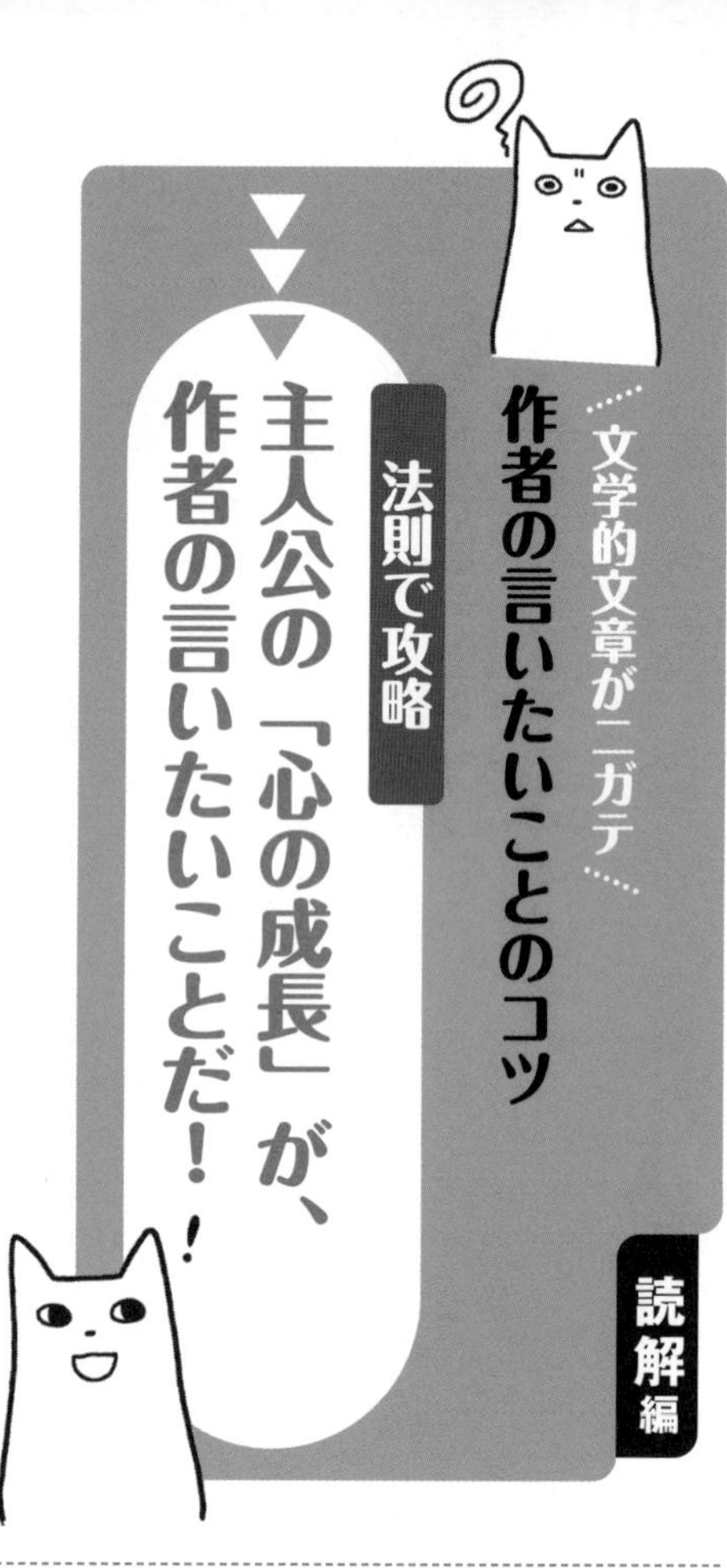

読解編

文学的文章がニガテ

作者の言いたいことのコツ

法則で攻略

主人公の「心の成長」が、作者の言いたいことだ！

例題

（主人公の洋（ひろし）は、自転車のジュニアクラブに入って自転車競技をしたいと思っている。それを照吾（しょうご）さんに相談したところ、洋には意志と情熱が欠けているので、やめておいたほうがよいと言われる。洋は照吾さんに、自分の思っていることを話す。）

話しているうちに、少しずつ自分の気持ちがはっきりとした。自転車に乗りたい。その気持ちには嘘（うそ）も揺らぎもない。

洋は息を吸い込んで天井を見上げた。大きな梁（はり）が剥（む）き出しになっている。

黒々とした立派な木だ。木と木が組み合わさって、建物となり、建物を支えている。

まだ始めたばかりだ、と洋は思った。先の心配をすることはない。やりたいことをやればいいのだ。

「迷いが消えたようだね」

照吾さんが笑顔になった。

ポットから新しいコーヒーを洋のカップに注いでくれた。

迷いは消えてはいなかった。けれど、自分にジュニアクラブの練習に参加する意志があるのははっきりとわかっていた。今のところ、それで充分だった。

（川西蘭（かわにしらん）「セカンドウィンド1」より）

問い この文章を通して作者が描こうとしているのはどういうことですか。それについて説明した次の文の□にあてはまる言葉を、本文中から八字で書き抜きなさい。

・照吾さんとのやりとりを通して、□という自分の意志をはっきりと理解した、洋の心情。

こう考える

作者の言いたいことを読み取る問題なので、主人公の心の成長が読み取れる部分に注目する。この文章の主人公は「洋」である。照吾さんと話をすることで、どのように心が成長したのかを読み取ろう。

答え 自転車に乗りたい

入試問題にチャレンジ

答え➡別冊18ページ

1 **次の文章を読んで、あとの問いに答えなさい。**

旅は勇の眼を外に向け、今まで知りようもなかった人々と出会う一つの機会を与えてくれた。（中略）

他人に眼を向けることに夢中になり過ぎて、いつの間にか他人に同化し、自分が溶けてしまうことを恐れた。地べたを這うようにして生活してきた人々の生き方の強さを見ても、決して侵されることのない、自分の胸の内にある心棒を太く強く育てることの必要を感じていた。

十五歳の勇にとっては、剣道をしている最中に感じる緊張感がこの世で最も信用できることの一つに思えた。剣道が単なるスポーツであると割りきってはいても、それから得たものは忘れ難く思え、たとえば今まで感じていた孤独感は甘えた心から出ていたものだといった幼稚な発見ではあっても、勇にしてみれば大事なことだった。

勇は一人ぽつねんとしていることが好きではない。また、その状況を楽しむ余裕はない。孤独な人だと自分をなぐさめるのもおかしい。剣道をやりはじめて、一人でいる自分の中に没頭することを覚えたのは、小さな収穫でもあった。三尺の間合いをとって見知らぬ相手と対峙しているとき、他人を頼りにできない苦痛と不安と共に、ごく平凡な孤独感以上の、透明な孤立感を覚える。それが勇を剣道に向かわせる。にせものではない、現在の勇にとっては、それが本当の自分だけの、他人につけ入る余地を与えない世界だった。旅先で、たとえどのような厳しい自然条件の中で生きている人を見ても、勇は胸の底に氷のつぶのように芽生え始めた自分の世界が脅かされることはないと知った。

（高橋三千綱「九月の空」より）

問い ——線部「勇は胸の底に氷のつぶのように芽生え始めた自分の世界が脅かされることはないと知った」とあるが、このことの説明として最も適当なものを、次の**ア**〜**エ**から一つ選び、記号を書きなさい。（佐賀県）

ア 勇は、旅という非日常に身を置くことで、剣道以外のものに興味を持つことができない自分に気付き、剣道を通して得た仲間だけがかけがえのないものだと確信したということ。

イ 勇は、旅という非日常に身を置くことで、剣道を通してはぐくまれていた自分自身のよりどころに気付き、それが決して他人に左右されない確固たるものだと確信したということ。

ウ 勇は、旅という非日常に身を置くことで、もともと自分は一人でいることが好きであったということに気付き、孤独な生き方こそが自分らしい生き方だと確信したということ。

エ 勇は、旅という非日常に身を置くことで、自分を取り巻く現実世界の広さに気付き、旅をすることがものの見方を確立するのに最もふさわしい方法だと確信したということ。

2 次の文章を読んで、あとの問いに答えなさい。

こんなにがんばっているのだから、きっと奇跡は起こると信じていた。けれど結果は残酷だった。最後の試合ではいいところがひとつもないまま、一度も気持ちいいと感じる瞬間を味わうことなく、終わってしまった。

今では、最後の試合で卓球のおもしろさをまったく味わえなかったことが、負けたことよりもずっとくやしい。

くやしい。くやしい。くやしい……。

ひとり体育館に立ちつくして、心の中でくり返したとたん、目頭がじわじわと熱くなってくる。

そのときだった。

「ちょっと、失礼。」

ハッとしてふりむくと同時に、体育館の入り口にいた亜樹（あき）のわきを男子がするりとぬけていった。

それは、同じクラスの佐々木（ささき）だった。近くのマンションに住んでいて、小さいときは「まーくん」「あっちゃん」なんて呼びあって遊んでいた仲だったけれど、今ではあいさつもしない。

なにかきっかけがあって仲がわるくなったとか、昔のことをすっかりわすれたわけじゃなくて、ただもう今はそんな関係じゃないだけだ。

「おまえ、なんでいるの？」

亜樹は目をパチパチとしばたたかせて、涙をひっこめた。小さく息をすって、泣きそうだった気持ちもゴクリと飲みこむ。

「佐々木こそ、なにしにきたわけ？」

こんなところにひとりでいるのが見つかって、亜樹は気まずかった。

「バスケ部員として、体育館に引退のごあいさつにきたんだ。」

（中略）

「ありがとうございました！」

しずかな体育館に佐々木の野太い声がひびいた。その佐々木の真摯（しんし）な態度が、亜樹まで神聖な気分にさせる。

佐々木はなかなか頭をあげなかった。そしてとつぜん、ボソリといった。

「無駄じゃなかったよな。」

亜樹は、どきんとした。

「ここですごした時間は無駄じゃないよな。」

目標は達成できなかった。夢中になれるものとして卓球を始めて、途中オリンピックも夢じゃないとふくらんだ希望、そしてなんとも救いのない引退試合。わたしの三年間は無駄だった？　それは、最後の試合から今まで、亜樹が必死でさけてきた疑問だった。

「レギュラーになれなくても、勝てなくても、いいんだよな？」

佐々木の声が、急に弱々しくなる。近所の子達（こたち）にいじめられていた「まーくん」の声になってる。

「そんなの、わかんない。」

佐々木から目をそらしたとたん、亜樹まであの頃にもどりそうになる。

負けずぎらいで、妙に勇敢だった「あっちゃん」だった頃に。まだ自分をおさえることなく「素」で生きていた時代に。

あの頃、泣き虫であまえんぼうのまーくんを助けるのは、なぜか亜樹の役目だった。「そんくらいで泣かないの！」「泣いたら、ますますいじめられるよ！」あの頃の亜樹は、まーくんのことをどなってばかりいた。

「これから、無駄じゃなかったって、思えるようにするの！」

亜樹から、思わず怒ったような声がでた。

「いつかそう思えるようにするの！」

妙に強気だった、あの頃の気持ちがよみがえる。

「そっか……。」

佐々木は顔をあげると、小さく笑った。そして「やっぱ、つえーなぁ。」と、感心したようにいった。

亜樹がむっとした顔をすると、佐々木はにげるように、そのまま体育館をでていってしまった。

亜樹は、ボールをかたづけると自分も入り口に立ってみた。

勢いでえらそうなことをいっちゃったけど、無駄じゃなかったって思える日なんて、本当にくるのかなぁ。卓球が自分をかえてくれると信じて、夢中でとりくんで、でもなんにもかわらなかった。かえられなかった。

亜樹も佐々木のように背筋をのばしてみる。とりあえず、わたしもお礼はしておこう。これは、運動部の礼儀だから。

「ありがとうございました！」

亜樹は頭をさげて、大声をだした。亜樹の声が、からっぽの体育館に気持ちよくひびく。

今はまだくやしいだけ。

でもいつか、ここでプレイしたことは無駄じゃなかったって心の底から思いたい。

顔をあげると、だれもいない体育館が、しずかに夏の陽射し（ひざ）をとりこんでいた。汗をぬぐって、身をひるがえす。亜樹は体育館の重いとびらを勢いよくしめた。ガシャーンという轟音（ごうおん）が、亜樹に去年とはちがう夏休みのはじまりを告げた。

（草野（くさの）たき「リボン」より）

問い　――線部「汗をぬぐって、身をひるがえす。亜樹は体育館の重いとびらを勢いよくしめた。ガシャーンという轟音が、亜樹に去年とはちがう夏休みのはじまりを告げた。」とありますが、この場面から亜樹のどのような心情がわかりますか。六十字以内で書きなさい。

（福島県）

……文学的文章がニガテ……

たとえ表現を探すのに苦労してしまう

着眼点で攻略

「〜(の)ような」「まるで〜」を探そう！

「…をたとえている表現」や「〜を比喩(ひゆ)で表現している部分」を答えなさい、という問題では、まず、「〜(の)ような」や「まるで〜」といった言葉を探す。

この手順で解く

「〜(の)ような」「まるで〜」を探す！

例 「花のような顔」「まるで花のようだ」

←

見つからないときには……

「〜(の)ような」「まるで〜」を補えそうなところを探す。

例 「彼女はこのクラスの花だ」

例題

岸辺(きしべ)は無言のままつばをのみ、ゆっくりと紙をめくった。一枚、二枚、辞書のページをめくるように、紙の束をめくっていった。

しばし、耳が痛くなるような静けさが部屋を支配した。耐えきれなくなったのか、言葉を発したのは開発担当者だった。三十代半ばぐらいだろう。眼鏡をかけた細身の男性だ。

「いかがでしょうか。」

開発担当者は、自信と不安がないまぜになった表情で岸辺を注視している。

すばらしいです、と言おうとして、感動のあまり声がかすれた。あわててせき払いする。

（三浦(みうら)しをん「舟を編む」より）

問い 岸辺と開発担当者の緊張が高まっていることが、たとえを使って表現されている一文を探し、最初の五字を書きなさい。

こう考える

「〜(の)ような」「まるで〜」といった表現を探してみよう。見つかったら、その表現が「緊迫した状態」を表しているものかどうかを確認すること。

答え しばし、耳

入試問題にチャレンジ

答え➡別冊19ページ

1 **次の文章を読んで、あとの問いに答えなさい。**

「鮒とってきただよ。」と長が言った、「買ってくれせえな、先生。」

私はかれらの期待に満ちた注目をあびて、自分に拒絶する勇気のないことを悟り、かれらを勝手口へ廻らせた。そこでもかれらは一列に並び、ひとりひとりが私に向かって自分の鮒に値を付けさせた。そのときになって初めて、寝起きのぼんやりした私の頭が、かれらの＊奸悪な計略を理解した。つまり、まとめて売れば安くなるが、一尾ずつなら安い値踏みはできない、という狙いなのだ。

「ほれ、みせえま。」とかれらはそれぞれの鮒を私に誇示した、「こんなにえっけえだ、五寸くれえあるだえ、先生。」

そして「＊しょっから」へゆけばこれ一尾で一＊かんは取られる、と言って互いに頷き、肯定しあうのであった。私はそこでもまた自分が罠に落ち、縛りあげられたことを知った。私はかれらの誘導にしたがって、値段を付け、それらを買い取った。

「いいさ。」と私はかれらの去ったあとで自分に言い聞かせた、「味噌煮にしておけば保つからな、当分おかずに困らないで済むわけだ。」

私はまえの味噌煮を丼へ移して、それらの鮒を新しく味噌煮にしかけた。

人は信用しないかもしれない。私自身もこれを書きながら、たぶん人は事実だとは信じないのだろうと思うのであるが、少年たちはその儲け仕事があまりにたやすく、かつ確実であることに昂奮と情熱を感じたらしい。二三日するとまたやって来て、さもうれしそうにはしゃぎながら、窓の戸を叩いた。

「並べってばな。」と長の言うのが聞こえた、「おんだらが先だぞ、押すな。」

拒絶されようなどとは＊寸毫も疑わず、確信そのもののような少年たちの顔を見て、それだけで私は自分の敗北を認めた。——ここまで読まれた方は、もはや小悪魔どもが私を放さないだろう、と想像されるにちがいない。私にしても、仮にふところがもっとあたたかであったら、容易にかれらの手から逃れがたかったろうと思う。人は＊黄白の前には、しばしば恥を忍んで屈しなければならないものだ。

（山本周五郎「青べか物語」より）

（注）＊奸悪な計略＝悪だくみ。　＊しょっから＝つくだ煮屋の店の名前。
＊かん＝銭貨を数える単位。　＊寸毫＝ほんの少し。　＊黄白＝金銭。黄金と白銀による。

問い　——線部「二三日すると……窓の戸を叩いた」にあるような態度の「少年たち」をたとえた表現を本文中から五字で抜き出しなさい。

（栃木県）

こう考える

「まるで〜」などの表現がなければ、「まるで○○のような少年たち」の「○○」にあてはまる言葉がないか文章中から探してみよう。

2 次の文章を読んで、あとの問いに答えなさい。

① 昼休みになると、向井ケイスケや三田村リクにさそわれて、校舎横の*ソテツの前にむかった。雨雲が空を覆い、今にも雨がふってきそうな気配だった。「サトルはもう進路ば決めたとか?」三田村リクが聞いた。僕はうなずいて、島内の高校の名前を口にする。「おれもばい」「おれも」「高校の後は? 大学? 就職?」僕は二人にたずねる。「わからん」と三田村リクが首を横にふる。「おれもわからん。でも、将来は東京に行こうっておもう。うん、どうせなら東京がよか」向井ケイスケが言った。「柏木先生ば追いかけて東京に行くと?」松山先生が一年間の休職から復帰すれば、柏木先生は臨時教員をやめて東京にもどる。「なるほど、おまえは、筋金いりやなあ」三田村リクが感心したようにうなずく。向井ケイスケは鼻の頭をかいて「いや……」と言葉をにごした。「実はもう、おれ、あんまり柏木先生のことば、かんがえんようになった。だいたいおまえ、先生目当てに部活を続けるとか、不謹慎すぎるぞ。そげな態度で合唱しよったら、まじめにやっとるもんにわるかろうが」僕と三田村リクはあっけにとられる。「じゃあ、おまえ、なんで合唱部ばやめんと?」三田村リクは聞いた。「そりゃあ、合唱がたのしかけんたい。惰性じゃなかぞ」

② 合唱がたのしい。その言葉を聞いて、僕はかんがえる。一人一人の声が*寸分違わずにぴたりと重なり、*渾然一体となって場を支配する瞬間があった。入部当初はなかなかその瞬間に出会うことができなかったけれど、最近になってすこしずつ、ラジオのチューニングが合うかのようにその瞬間が訪れる。奇跡的に声が合わさり、ほんの短い時間だけその感覚につつまれる。そのとき自分の声が、自分の声ではなくなるような気がした。たしかに自分が口を開けて発声しているのだけど、何かもっと大きな意思によって背中をおされるように歌っているようにおもえる。周囲にひろがるのはだれの声でもない。全員の声が合わさった音のうずである。それはとてもあたたかくて、このうずのなかにずっといたいとおもえる。でも、長くは続かない。全員がそれを維持したいとおもっているのに、やがてだめになってしまう。たぶん、練習不足のせいだ。声がすこしでもずれた瞬間、魔法は消え去って、僕たちはまた一個人にもどっていく。もしかしたら、そのような感慨を彼も抱いていたのだろうか。

（中田永一「くちびるに歌を」より）

（注）＊ソテツ＝暖地に自生する常緑低木の名。
＊寸分＝ほんの少しも。　＊渾然一体＝異なったものが溶けあって一つにまとまるさま。

問い 本文では、合唱をする中で、一人一人の声が奇跡的に合わさる瞬間をもたらすものを、あることばでたとえている。それを第②段落の文章中からそのまま抜き出して、漢字二字で書きなさい。

（愛知県）

3 次の文章を読んで、あとの問いに答えなさい。

できることなら、後学のためにメモを取ったり、写真を撮ったりしたかった。だが実際は、とてもそんな余裕はない。種まき機から次々に流れてくる箱を受け取るだけで精一杯、一箱受け取るごとに神経がすり減っていくのが自分でも分かった。

「おめが緊張したら、種籾まで緊張するべ」

「え、なにそれ」

「おめが適当にしたら、種籾まで適当になるしな。作物ってのは、そういうもんだ」

ゆきは心の中を見透かされた気がして慌てた。だったら自分はどうしたらよいというのだろう。

「田んぼ、できるごどになって、嬉しいが？」

「うん」

「新しい品種、作ってみるの、楽しみだが？」

「もちろん」

「土の間から芽が出て、緑の苗がびっちり生えてきて、それを田んぼさ植えで……どげだ？」

「うん、わくわくする」

「ほしたら、その気持ちのまま作業すればいいんだ」

ゆきの胸に、春の風がふんわりと吹き込んだ。話を聞いていた祖母も、にっこりしている。

「経験を積んだ人の言葉は、やっぱ凄いなぁ。深いよ」

「経験なんてまだまだ。じいちゃんは、たったの五〇回ぐらいしか米作ったごど、ないがらなぁ」

……やられた。やっぱり敵わないや。

ゆきは、お茶を飲み干し立ち上がった。この人が生きているうちに、一つでも多くのことを学ばなくちゃ。一つでも多くのことを盗まなくちゃ。いつか、一人で農作業する日がくるのかもしれない。自分にできるだろうか。一瞬よぎった不安を打ち消すように、ゆきは手ぬぐいを巻き直した。

（あべ美佳「雪まんま」より）

問い ——線部「神経がすり減っていく」とありますが、これと対照的なゆきの心境が、比喩を使って表現されている一文を——線部よりあとから抜き出し、最初と最後の三字ずつを書きなさい。（長野県）

最初 [　　　]　最後 [　　　]

チャレンジ

「神経がすり減っていく」というのはどういう心情かをまず考えよう。「苦しい」「つらい」気持ちと対照的な気持ちを表現していて、たとえを使っているのはどこだろうか。「～(の)ような」「まるで～」がなければ、補えそうなところを探そう!

読解編

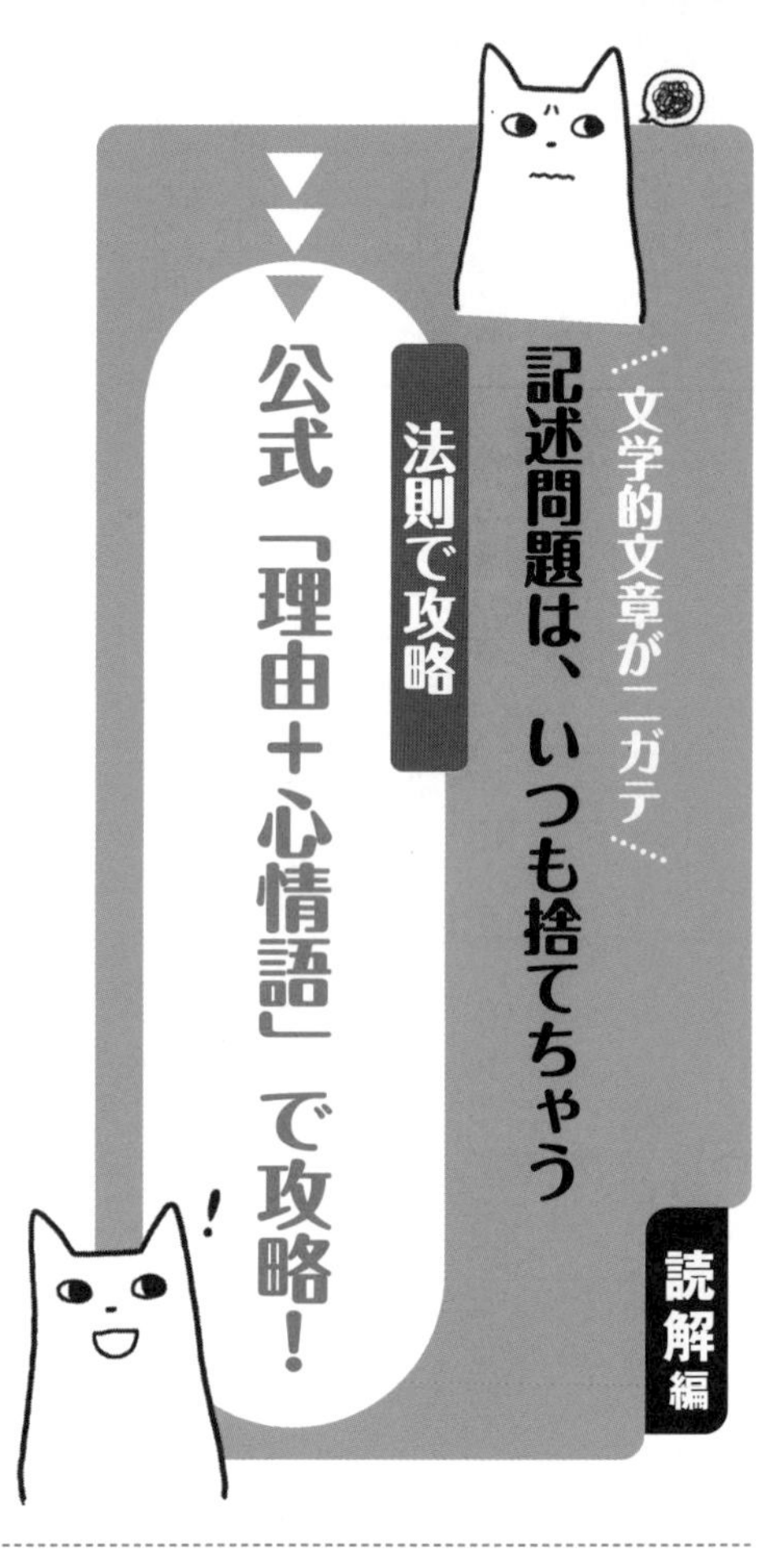

文学的文章がニガテ

記述問題は、いつも捨てちゃう

法則で攻略

公式「理由＋心情語」で攻略！

物語で最もよく問われるのが心情（＝気持ち）の記述。言動に注意して、公式にあてはめれば解ける！

この手順で解く

問題を読んでいきなり書こう！と思わずに、まず理由や状況、心情を表す言葉を文章中から探してみよう。

どういう状況、どんな理由で、登場人物がそのように思ったのかが描かれている部分を探す。

探した言葉や文をもとに、自分の言葉にしてみる。
指定の字数にしてまとめるのはそのあと！

例題

柏は、新しい葉が出ると、古い葉を落とす。そのさまは、あたかも跡継ぎができたのを見定めて、家督を譲るかのようである。

端午の節句に柏餅を食べるのは、この柏の葉のありさまに、代々の一家繁栄祈願を重ね合わせて祝うのが、興りのひとつとされた。

とはいえ、亮太が柏餅をだれよりも喜ぶのは、甘い物好きだからである。が、たとえそうであっても跡取りがすこやかに育っているのは、亮助とよしにはこのうえない喜びだった。

それゆえよしは、毎年一家五人では食べきれないほどの柏餅を拵えた。庭に干してあるのは、これから餅をくるむ柏の葉である。

（山本一力「菜種晴れ」より）

問い ——線部「よしは〜拵えた」とある「よし」の心情を次のようにまとめるとき、（ **A** ）（ **B** ）に当てはまる内容を、それぞれ十五字以内で書きなさい。（秋田県）

・好物を（ **A** ）という愛情と、長男を（ **B** ）という願い

こう考える

母親である「よし」が、「亮太」に対してどのような気持ちで柏餅を拵えているのかの理由を探すとよい。

答え **例** **A** たくさん食べさせてやりたい
B 立派な跡取りに育てていきたい

入試問題にチャレンジ

答え➡別冊20ページ

1 **次の文章を読んで、あとの問いに答えなさい。**

引越し、そして転校が決まったとき、恵美菜と別れなければならないことが何より悲しかった。耐えられないぐらいつらかった。

悲しくて、つらくて、さびしくて、心細くて、布団をかぶってわんわん泣いた。それなのに恵美菜は笑いながら、

「もう中学生だもんね。それぞれ、新しい学校でガンバレってことなのかもね。うん、そうだよ。美月。おたがいガンバローだ」

なんて、言ったのだ。いっしょに悲しんでくれる、「行かないで」と泣いてくれると信じていたのに。

恵美菜はあたしとちがって、明るいし、誰とでもすぐ打ち解けられるし、はきはきしている。友だちだって他にもたくさんいる。あたしがいなくなっても、さびしくないんだ。

そう思うと胸の中に冷たい風が吹き通っていくような気がした。恵美菜が急に遠ざかった気がした。

それから、あまり口もきかないまま別れてしまった。

S市に来て二ヶ月以上が過ぎたけれど、恵美菜には手紙も出していないし、電話もしていない。住所も電話番号も知らせていないから、恵美菜から連絡がくることもない。

「恵美菜ちゃんに電話ぐらいしたら。手紙も出してないんでしょ。あんなに仲が良かったんだもの。何の連絡もしないなんておかしいわよ」

お母さんは咎めるような口調で言うけれど、もし、電話して「ああ美月。こっちは楽しくやってるよ。友だちもたくさんできたし、うん、毎日、すごく楽しいの。じゃあね」なんて冷たくされたら……、手紙に返事がこなかったら……、そう考えると何もできなかった。

（あさのあつこ「おまもり」より）

問い　――線部「恵美菜が急に遠ざかった気がした」とありますが、なぜ美月は恵美菜が急に遠ざかった気がしたのか、転校が決まったときの美月の心情にふれて、本文中の言葉を使って五十五字以上六十五字以内で書きなさい。（三重県）

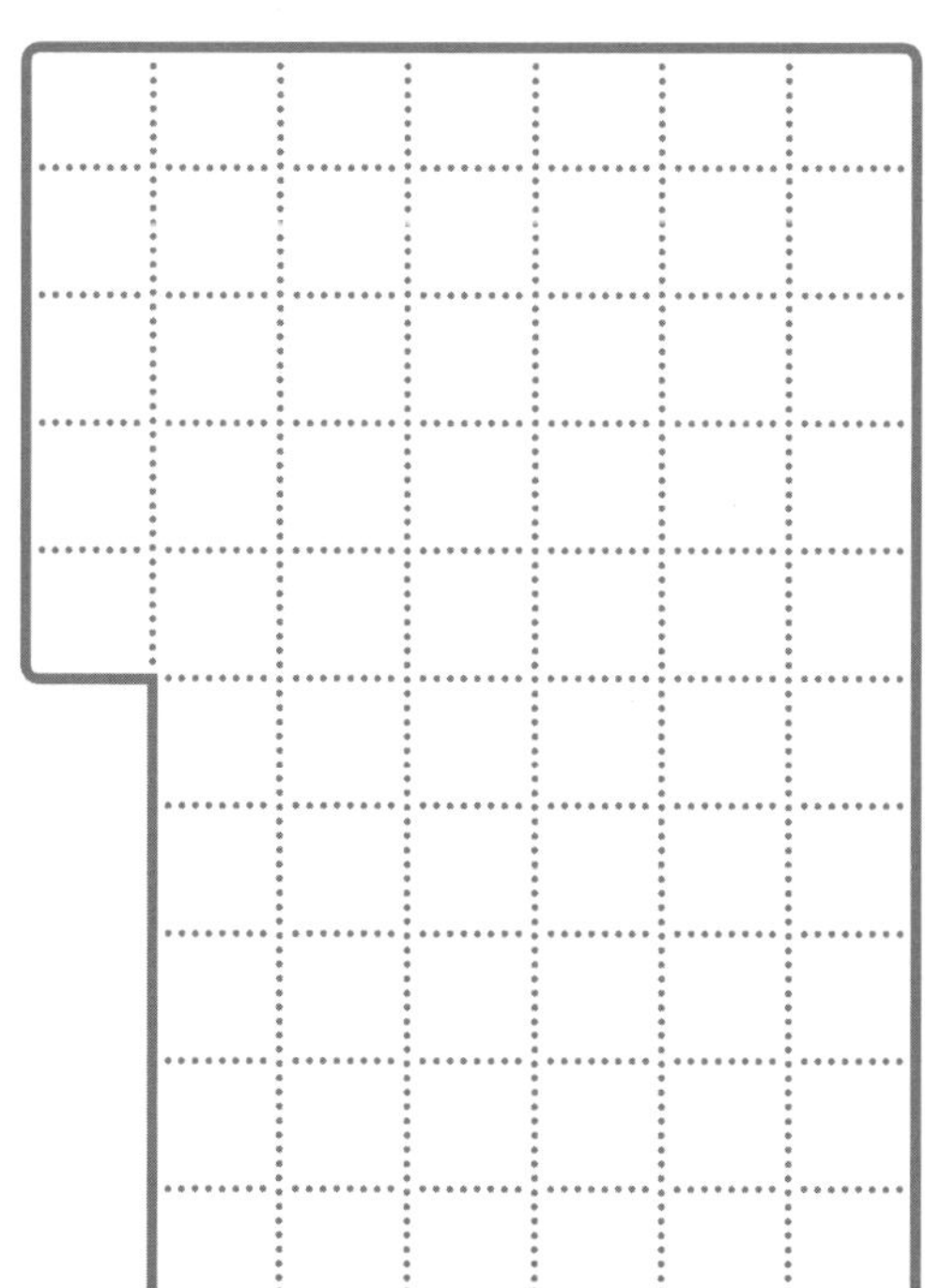

2 **太二は中学のテニス部に所属している。コート整備は一年生の昼休みの仕事で、毎日*グーパーじゃんけんで係を決めていた。しかし、実力はあるが練習態度がよくない末永に、チームとしてのまとまりの大切さに気づいてほしいと考えたほかの部員たちが、ある日のじゃんけんで彼一人を係にした。以下はそれに続く翌日の場面である。この文章を読んで、あとの問いに答えなさい。**

いつものように二十四人で輪をつくったが、誰の顔も緊張で青ざめていた。末永にいたっては、歯をくいしばりすぎて、こめかみとあごがぴくぴく動いている。ヘアーバンドが斜めになっているのも気づかないほどで、ぼくは今更ながら、末永に悪いことをしたと反省した。

しかし、こんな状況で口を開き、きのうは悪かったと末永にあやまったら、どんな展開になるかわからない。*武藤をはじめとするみんなからは、よけいなことを言いやがってと恨まれて、末永だって怒りのやり場に困るだろう。

だから、一番いいのは、このまま普通にグーパーじゃんけんをすることだった。うまく分かれてくれればいいが、偶然、グーかパーがひとりになる可能性だってある。そんなつもりがないのに、末永がまたひとりになってしまったら、事態はこじれて収拾がつかなくなる。

みんなは青ざめた顔のまま、じゃんけんに移ろうとしていた。

どうか、グーとパーが均等に分かれてほしい。

こぶしを顔の横に持ってきたとき、ぼくの頭に父の姿が浮かんだ。一緒にテニススクールに通っていたころ、父は試合で会心のショットを決めると、応援しているぼくたちに向かってポーズをとった。ぼくや母も、同じポーズで父にこたえた。

「グーパー、じゃん。」

かけ声に合わせて手を振りおろしたぼくはチョキを出していた。本当はVサインのつもりだったが、この状況ではどうしたってチョキにしか見えない。ぼく以外はパーが十五人でグーが八人。末永はパーで、武藤と*久保はグーを出していた。

ぼくが顔をあげると、向かいにいた久保と目が合った。

「太二、わかったよ。おれもチョキにするわ。」

久保はそう言ってグーからチョキにかえると、とがらせた口から息を吐いた。

「なあ、武藤。グーパーはもうやめよう。」

久保に言われて、武藤はくちびるを隠すように口を結び、何度も小さくうなずいた。そして、武藤は握っていたこぶしから人差し指と中指を伸ばすと、ぼくに向かってその手を突き出した。

武藤からのVサインを受けて、ぼくは末永にVサインを送った。末永は自分の手のひらを見つめながらパーをチョキに変えて、輪の中に差し出した。

「明日からのコート整備をどうするかは、放課後の練習のあとで決めよう。時間もないし、今日はチョキがブラシをかけるよ。」

そう言って、ぼくが道具小屋に向かってかけだすと、何人かの足音がつづいた。ブラシを取ったところで振り返ると、久保と武藤と末永のあとにも四人がかけてきて、ぼくは八本あるブラシを一本ずつ手わたした。

コート整備をするあいだ、誰も口をきかなかった。ぼくの横には久保がいて、ブラシとブラシが離れないように歩幅を合わせて歩いていると、きのうからのわだかまりが消えていく気がした。

隣のコートでは武藤と末永が並び、百八十センチ近い長身の二人は大股（また）でブラシを引いていく。コートの端までくると、内側の武藤が歩幅を狭くしてきれいな弧を描き、直線にもどれば二人ともがまた大股になってブラシを引いていく。

きっと、ぼくたちはこれまでよりもずっと強くなるだろう。個人戦はもちろん、ダブルスでもそしてチーム全体としても、とても強くなれるはずだ。

ぼくはいつか、テニス部のみんなに、*父の豆腐を食べさせてやりたいと思った。つづいて、中学のコートで、家族四人でテニスをしたいと思い、押し入れにしまってある四本のラケットのことを考えた。ぼくはブラシを引きながら、<u>胸の中で父と母と姉に向かってVサインを送った。</u>

（佐川光晴（さがわみつはる）「四本のラケット」より）

（注）＊グーパーじゃんけん＝グーとパーだけを出してグループ分けをするじゃんけん。
＊武藤、久保＝一年生部員。
＊父の豆腐＝父は現在、豆腐屋になる修行中である。

問い　——線部から、太二のどのような気持ちが読み取れますか。四十字以内で書きなさい。（福井県）

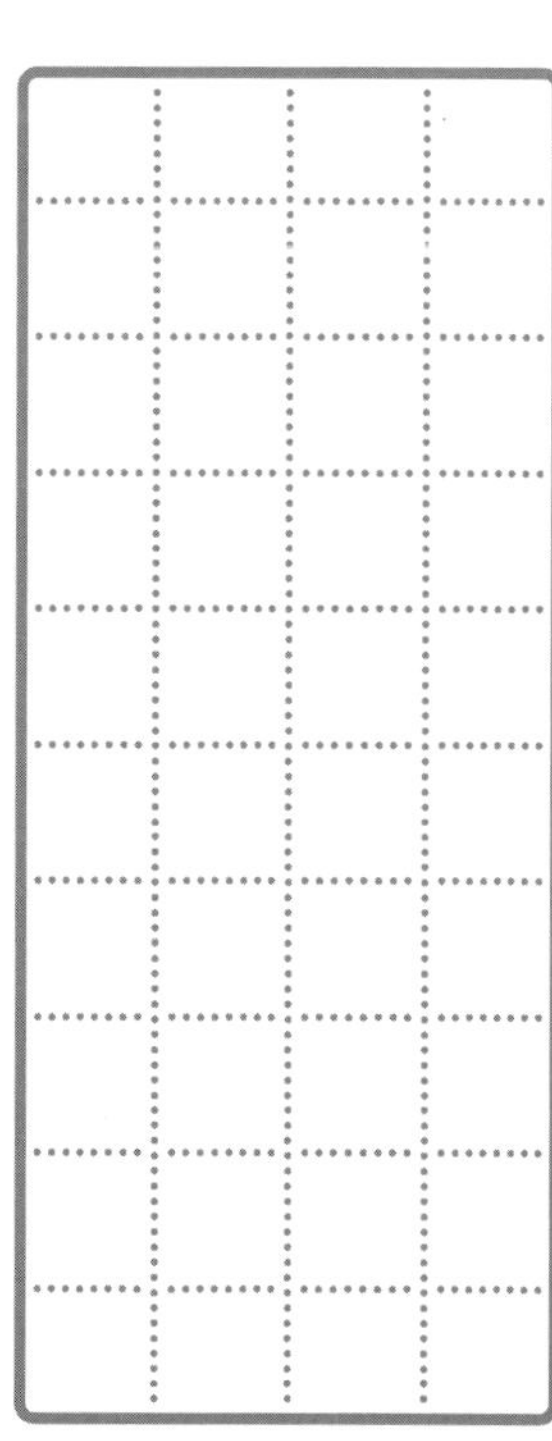

チャレンジ

まず、「Vサイン」は父が「会心のショット」を決めたときのポーズだということをおさえよう。そして、ここまでの出来事を順番に整理していこう。「ぼく」にとって、どのようなことが、「会心のショット」になったのだろうか。それを中心に答えを書いてみよう。

「きのうからのわだかまり」が消えたことを具体的に理由として示すといいよ。

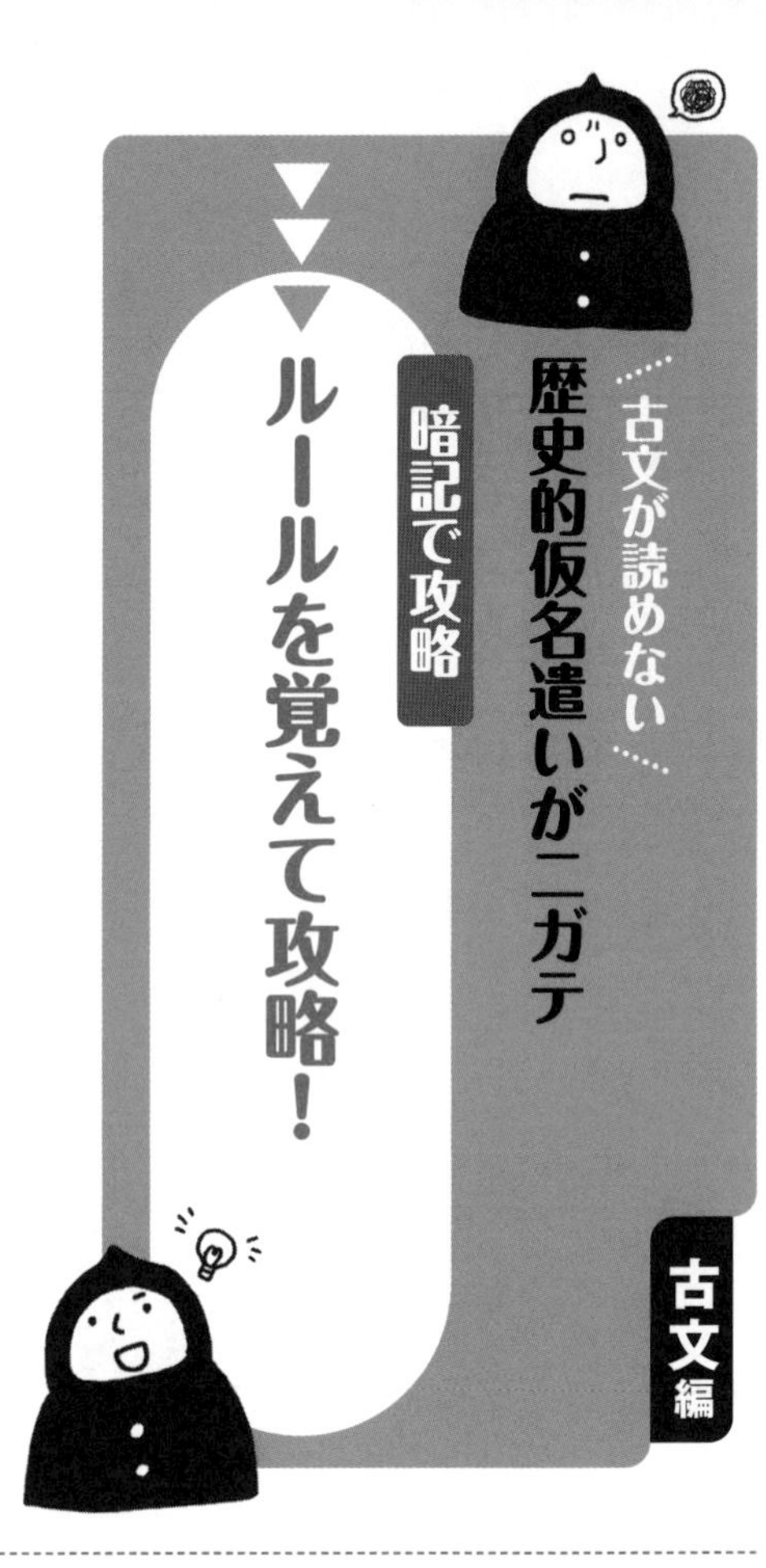

古文編

古文が読めない
歴史的仮名遣いがニガテ

暗記で攻略

ルールを覚えて攻略！

ルール①～⑧をそのまま暗記。

①語頭以外の「は・ひ・ふ・へ・ほ」 ← 「わ・い・う・え・お」

現代仮名遣いは読み方のとおりに書くのが原則！
意味を考えて普通に読むとおりに書けばよい！

その他の歴史的仮名遣いのルール

②ワ行「ゐ・ゑ・を」→「い・え・お」　③「む」→「ん」

④「ぢ」「づ」→「じ・ず」　⑤「くわ・ぐわ」→「か・が」

⑥「ア段＋う（ふ）」→「オ段＋う」 例「まうす」→「申(もう)す」

⑦「イ段＋う（ふ）」→「イ段＋ゅう」 例「しうと」→「舅(しゅうと)」

⑧「エ段＋う（ふ）」→「イ段＋ょう」 例「けふ」→「今日(きょう)」

例題

世(よ)を長閑(のどか)に①思ひてうち怠りつつ（中略）。終(つひ)に物(もの)の上手にもならず、思ひし②やうに身をも持たず、悔ゆれども取り返さるる齢(よはひ)ならねば（以下略）

（「徒然草(つれづれぐさ)」より）

問い ――線部の言葉は歴史的仮名遣いで書かれています。これらの平仮名の部分をすべて現代仮名遣いに直して、それぞれ平仮名で書きなさい。（京都府）

こう考える

ルール① 語頭以外の「ひ」→「い」
例 おもひて　例 おもいて

ルール⑥ 「ア段＋う（ふ）」→「オ段＋う」
例 やうに　例 ように

現代語訳 人生をのんびりしたものだと思って怠けながら（中略）。とうとう何かの名人にもなることなく、思っていたように大成することもなく、後悔しても取り返せるような年齢でもないので（以下略）

答え ①（思）いて　②ように

入試問題にチャレンジ

1 次の――線部を現代仮名遣いに直し、すべて平仮名で書きなさい。（愛媛県）

この日、あまりにのどかなりしが、日暮れたれば、山おろし*荒く吹きて、にはかにさむくさへなりぬ。「雪降るべし。」と思ふに、宿の主もさは言ふ。

（「紀行かたらひ山」より）

（注）＊山おろし＝山から吹き下ろす激しい風。

［　　　　］

こう考える

ルール① 語頭以外の「は」「へ」→「わ」「え」

「にはかにさむくさへ」→「にわかにさむくさえ」

2 次の――線部を現代仮名遣いに直し、すべて平仮名で書きなさい。（京都府）

人の口は、一切善悪の出で入りする門戸なり。かるがゆゑに*よき番衆*を①すゑおきて、出入りするものどもをあらためらるべし。其のいはれ*は、いふまじき人のうはさをあざけり、表裏*などを②いひて身命をあやまつ*。

（「可笑記」より）

（注）＊かるがゆゑに＝だから。　＊番衆＝番人。
＊いはれ＝理由。　＊表裏＝作りごと。
＊身命をあやまつ＝身を危険にさらす。

答え➡別冊21ページ

①［　　　　］　②［　　　　］

こう考える

ルール② ワ行「ゑ」→「え」

ルール① 語頭以外の「ひ」→「い」

3 次の――線部を現代仮名遣いに直し、すべて平仮名で書きなさい。（大分県）

他(他人)の、無道心*なる僻事なんどを、直に、面に顕はし、非に落とすべからず。はうべん(上手な手段)を以て、彼(相手が)腹立つまじき様に云ふべきなり。

（「正法眼蔵随聞記」より）

（注）＊無道心＝仏道を修めようとする心がないこと。

［　　　　］

こう考える

ルール⑥ 「ア段＋う（ふ）」→「オ段＋う」

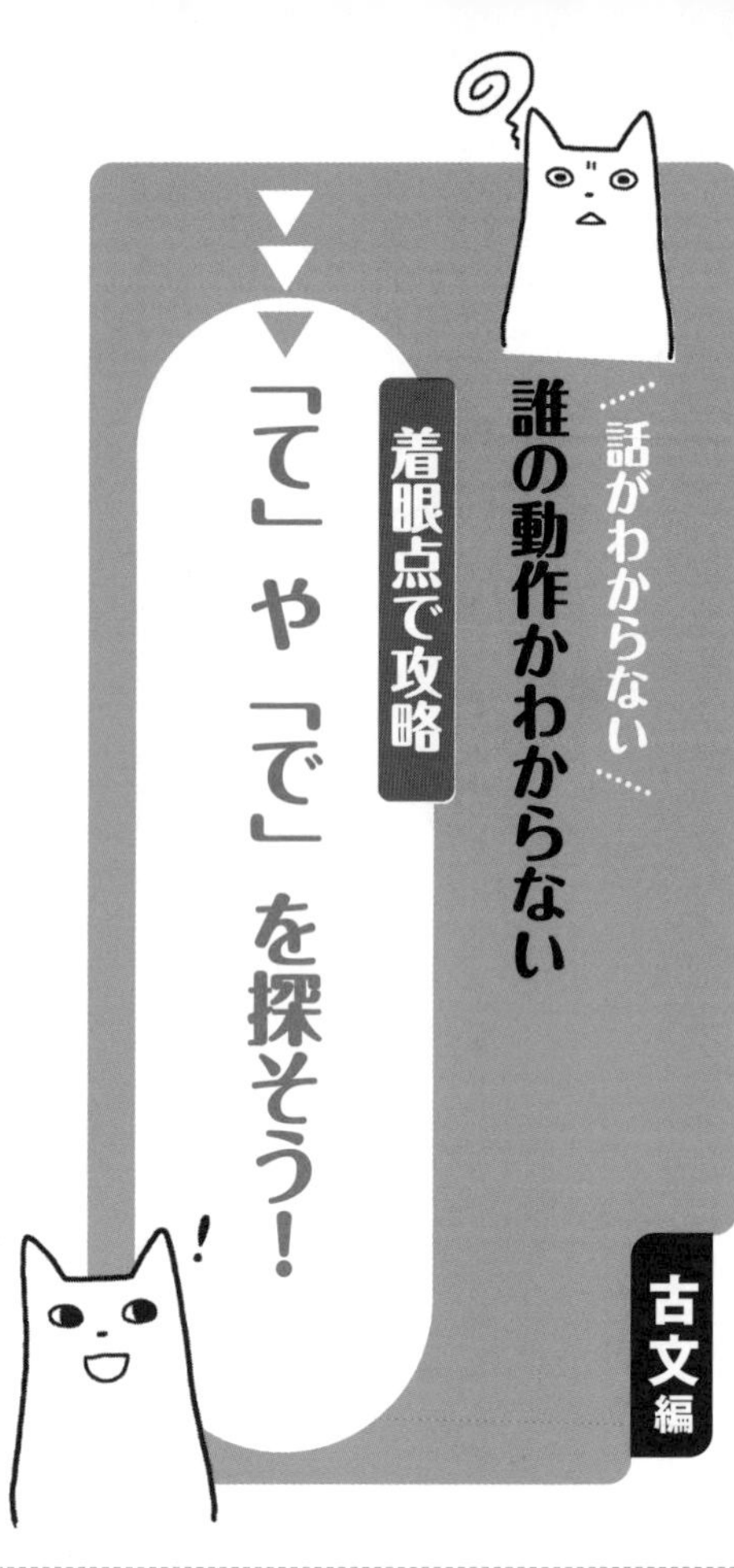

古文編

……話がわからない……

誰の動作かわからない

着眼点で攻略

「て」や「で」を探そう！

古文では、文の主語がわかりにくいことが多いので、動作主を見分ける問題がよく出題される。

この手順で解く

同じ人物の動作は、「〜て」「〜で」で連なっていることが多い。

↓

同じ人物の動作をたどっていけば、誰の動作かわかる。

裏ワザ 〈古文読解のポイント〉

・古文では、主語や、主語を示す助詞が省略される。

・連続する部分では、主語は前文と同じと考えられる。

例題

今は昔、親に孝（けう）（孝行する）する者ありけり（ア）。朝夕（あさゆふ）に木をこりて（切って）、親を養ふ。孝養（けうやう）の心、空に知られぬ（天にいる神に通じた）。*梶（かぢ）もなき舟に乗りて、むかひの島に行くに（イ）、朝（あした）には、南の風吹き（ウ）て、北の島に吹きつけつ（吹きつけた）。夕（ゆふべ）には、また舟に木をこり入れてゐたれば（エ）（切って積んでいると）、北の風吹きて、家に吹きつけつ。かくのごとくするほどに、年ごろになりて（長い年月が過ぎて）、おほやけにきこしめして（朝廷でもこのことをお聞きになって）、大臣になして（任じて）、召し使はる（召し使われた）。その名を*鄭大尉（ていたゐ）とぞいひける。

（「宇治拾遺物語（うじしゅういものがたり）」より）

（注）*梶＝舟をこぐ道具。　*鄭大尉＝中国後漢時代の人。「大尉」は官職の名前。

問い　——線部ア〜エの中には、主語が他と異なるものが一つあります。その記号を書きなさい。

（三重県）

こう考える

ア「親に孝する者（が）ありけり」→助詞の省略

「朝夕に木をこりて、親を養ふ」

イ「梶もなき舟に乗りて、むかひの島に行くに」

ウ「南の風（が）吹きて、北の島に吹きつけつ」（南の風＝主語／吹きて・吹きつけつ：主語が同じ）

エ「また舟に木をこり入れてゐたれば」

答え　ウ

入試問題にチャレンジ

1 次の文章を読んで、あとの問いに答えなさい。

按察使の大納言の御むすめ、心にくくなべてならぬさまに、親たちかしづきたまふことかぎりなし。この姫君ののたまふこと、「人々の、花、蝶やとめづるこそ、はかなくあやしけれ。人は、まことあり、本地たづねたるこそ、心ばへをかしけれ。」とて、よろづの虫の、恐ろしげなるを取り集めて、「これが、成らむさまを見む。」とて、さまざまなる籠箱どもに入れさせたまふ。中にも「かはむしの、心深きさましたるこそ心にくけれ。」とて、明け暮れは、耳はさみをして、手のうらにそへふせて、まぼりたまふ。

若き人々はおぢ惑ひければ、男の童の、ものおぢせず、いふかひなきを召し寄せて、箱の虫どもを取らせ、名を問ひ聞き、いま新しきには名をつけて、興じたまふ。

（「堤中納言物語」より）

（注）按察使（あぜち）・大納言（だいなごん）。心にくく＝奥ゆかしく。なべてならぬさまに＝並々ならぬ様子にしたてて。かしづき＝大切に育て。花、蝶やとめづる＝花よ蝶よともてはやすことは。はかなくあやしけれ＝あさはかで訳のわからぬことだ。まことあり、本地たづねたる＝誠実さ、ものの本当の姿を求める。心ばへ＝心のもち方。成らむさま＝成長する様子。籠箱（こばこ）＝虫かご。かはむし＝毛虫。心深きさましたる＝考え深そうな様子は奥ゆかしいものだ。耳はさみ＝髪を耳にはさんで。手のうら＝手のひらの上でかわいがり。まぼり＝見守って。おぢ惑ひければ＝侍女たちはこわがって手が出せないので。いふかひなき＝とるにたりないもの。興じたまふ＝おもしろがって。

問い ——線部「興じたまふ」の主語になるのはだれですか。**ア**〜**エ**から一つ選び、記号で答えなさい。（徳島県）

ア 親たち　**イ** 姫君

ウ 若き人々　**エ** 男の童

［　　］

こう考える

「召し寄せて」「取らせ」「問ひ聞き」「名をつけて」はすべて同じ人物の動作だ。

---

2 次の文章を読んで、あとの問いに答えなさい。

答え➡別冊22ページ

＊出羽の国より＊みちのくのかたへ通りけるに、山中にて日くれければ、からうじて九十九袋といへる里にたどりつきてやどり**ア**もとめぬ。＊よすがらごとごとものひびく音しければ、あやしくて立ち出で見るに、古寺の広庭に、老いたるをのこの麦をつくにて有りけり。＊予もそこら＊＊徘徊**イ**しけるに、月＊孤峯の影を＊倒し、風の暑さを**ウ**いとひて、＊朗夜のけしきいふばかりなし。此のをのこ昼＊千竿の竹を吹きて、かくいとなむなめりと。＊やがて立ちよりて、名は何といふぞと**エ**問へば、宇兵衛と答ふ。

涼しさに麦を月夜の卯兵衛哉

（与謝蕪村の文章による）

（注）＊出羽の国＝今の山形・秋田両県。＊みちのく＝今の宮城・岩手・青森各県の大部分。
＊よすがら＝夜通し。＊予＝私。
＊孤峯＝一つそびえたっている峰。＊徘徊＝あてもなくぶらつくこと。
＊朗夜＝空が晴れわたり、大気の透き通った気持ちのよい夜。＊倒し＝逆さに映し。＊千竿＝竹林。
＊やがて＝間もなく。＊卯兵衛＝「宇兵衛」の「宇」とうさぎの「卯」をかけた表現。＊なめり＝…であるようだ。

問い 文章中の——線部**ア**〜**エ**の言葉のうち、行為をする人物が他の三つとは異なるものを一つ選び、記号で書きなさい。（高知県）

［　　］

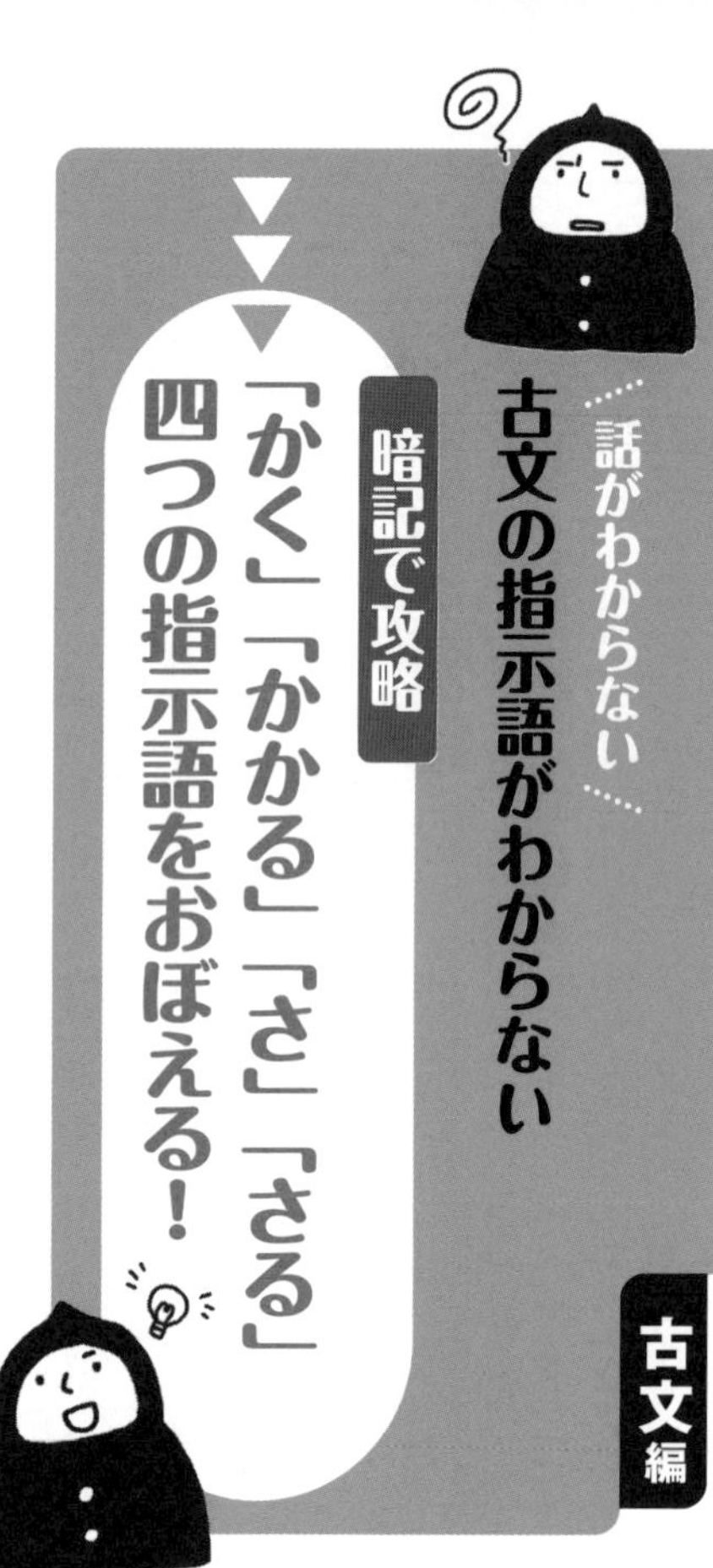

古文編

……話がわからない……

古文の指示語がわからない

暗記で攻略

「かく」「かかる」「さ」「さる」四つの指示語をおぼえる！

この手順で解く

古文中の指示語を現代語に直してみる。
↓
指示語の前後に注目し、パターンを見きわめる。

ココは覚える 〈四つの指示語の意味〉

- かく　…このように
- かかる…このような　→かかり［かく＋あり］の連体形
- さ　　…そう・そのように
- さる　…そういう・そんな　→さり［さ＋あり］の連体形

例題

「上智は教へられず、下愚は移らず。（すぐれた賢者は教えられることなく、愚かな者は変わりようがない）」と云ひて、生まれ付きてよき人は、人の教へを待たず、自ら仁義を守る。いたつて（非常に）愚なるは、いかに教ふれども随はず（愚かな者は、どんなに教えても従わない）。中なる人は、縁にあひて悪しくもなり、良くもなる。経に曰く、「善人と伴ふは、雨露の中を行くに、自らの衣の濡るるが如し。」と。<u>かからん人</u>（このような）は、よき友を求め、善縁に近付くべし。（『沙石集』より）

問い ——線部「かからん人」とは、どの人のことですか。本文中から抜き出して書きなさい。（群馬県）

こう考える

「かからむ」は、「このような」の意（「かかり」の未然形「かから」＋「む」）。

現代語訳 「すぐれた賢者は教えられることなく、愚かな者は変わりようがない。」と言って、生まれつき賢い人は、教えられなくても、正しい行いをする。非常に愚かな者は、どんなに教えても従わない。中くらいの人は、場合によって悪くも良くもなる。経典に言うことには、「善人と一緒に行動するのは、雨露の中を行くときに、その人自身の衣が濡れるよう（に善い影響を受けるよう）なものだ。」と。このような人は、良い友を得、良い環境に身をおくべきである。

答え 中なる人

入試問題にチャレンジ

答え➡別冊23ページ

1 **次の文章は、ある和歌にまつわる話です。これを読んで、あとの問いに答えなさい。**

修行者一夜の宿をかりけるに、その夜彼の宿へ盗人来たりて牛を引きければ、あるじ此の僧をうたがひすでに縛めんとしたりける時、「我は西行法師と申す修行者なり。」と名乗りければ、「よも西行にはあらじ。西行とやらむは聞こゆる歌人なり。さらば歌よめ。」とせめければ、

馬羊猿鶏犬はそちへ往ねうしとらぬさへ憂き名立つ身に

（『新撰狂歌集』による。一部改変）

（注）＊縛めん＝縄でしばろう。　＊聞こゆる＝有名な。

問い　――線部「さらば歌よめ」とありますが、修行者の何を試すためにこのようなことを言ったのですか。八字以内の現代語でまとめて書きなさい。（福岡県）

こう考える

「さらば」とは「そうであるならば」という意味。「西行とやらむは聞こゆる歌人なり」という直前の文に着目し、このように言った理由をまとめよう。

2 **次の文章を読んで、あとの問いに答えなさい。**

成通卿（藤原成通）、年ごろ（長年）＊鞠を好みたまひけり。その徳や至りにけむ（そのおかげであったのだろうか）、ある年の春、鞠の精、＊懸りの柳の枝にあらはれて見えけり。＊みづら結ひたる小児、十二三（十二、三歳ほど）ばかりにて、青色の唐装束（中国風の服装）して、いみじく（たいそう）うつくしげにぞありける。なにごとをも始むと（始めよう）ならば、底（極意）をきはめて、かやうのしるし（奇跡）をもあらはすばかりにぞ、せまほしけれ（したいものであるが）ど、かかるためし、いとありがたし（このような例は、めったにないことである）。

（『十訓抄』より）

（注）＊鞠＝蹴鞠（けまり）。　＊懸りの柳＝蹴鞠をする場所にある柳。
＊みづら＝少年の髪型。髪を中央で分け、両耳のあたりで束ねたもの。

問い　――線部「かやうのしるし」とはどういうことか、現代語で十五字以内で書きなさい。（石川県）

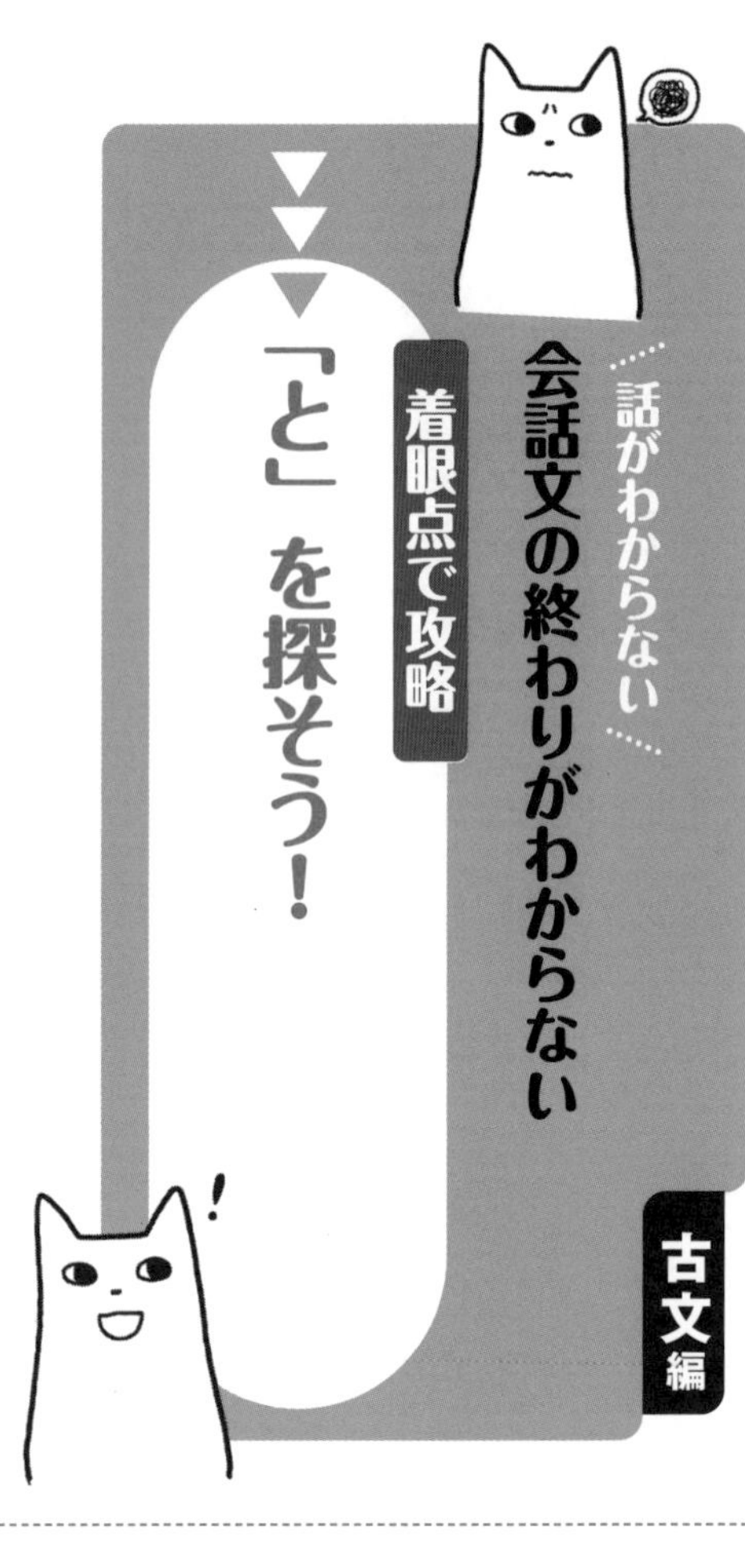

話がわからない

会話文の終わりがわからない

着眼点で攻略

「と」を探そう！

古文編

会話文を示す「かぎかっこの代わり」になる言葉を見つけよう。会話の部分の初めは、比較的わかりやすいが、終わりの部分がどこまでかが紛らわしいので、よく出題される。

この手順で解く

古文では、もともと会話の部分にかぎかっこはつけられていないから、会話の部分の範囲を示す手がかりになる言葉が必ずあるはず。

←

会話部分の終わりには「と」がある。

（引用を表す格助詞「と」）

例題

ある一人の小侍（年若い侍が）、かの屏風（びやうぶ）を見て言ふやう、このころ御内（お屋敷）の人のあやしみあひける女は、この絵の内にこそあるなれとて、傍（かたへ）（仲間の侍）の人を呼びて見するに、げに（たしかに）も夜な夜な見し（見たとおり）ごとく子抱きたる女あり。

（「落窪物語（おちくぼものがたり）」より）

問い ——線部「このころ」から始まる「小侍」の言葉はどこまでですか。その終わりの三字を抜き出して書きなさい。

（長崎県）

こう考える

会話文の終わりにある「と」を探す。

現代語訳 ある一人の年若い侍が、あの屏風を見て言うには、「このごろお屋敷内の人が不思議に思っている女は、この絵の中にいるのだ」と、仲間の侍を呼んで見せると、たしかに夜な夜な見たとおりの、子を抱いている女がいた。

わからなかったら暗記 会話文を示すパターンを覚える！

・～言ふやう…「……」と言ふ　・～いはく…「……」と言ふ

『言う』という意味の言葉の前後に注目する。

答え るなれ

入試問題にチャレンジ

1 次の文章を読んで、あとの問いに答えなさい。

唐の太宗（太宗皇帝）、即位の後、古殿（古い御殿）にすみたまへり。破損せる間、湿気あがり、風露すさまじうして（冷え冷えとして）、*玉体侵されつべし（害されそうだった）。群臣造作すべき由を奏しければ（新築した方がよいと申し上げると）、太宗のいはく、時、*農節なり。民、定めて愁あるべし。秋を待ちて造るべし。湿気に侵されば（害されてしまうのは）、地に受けられず、風雨に侵されば、天にかなはざるなり（天と調和がとれていないからだ）。天地に背かば、身あるべからず（生存できるはずもない）。民を煩はさずんば（民に苦労をかけなければ）、自ら、天地にかなふべし。天地にかなはば、身を侵すべからず（害されることはない）といひて、古殿にすみたまへり。

（「正法眼蔵随聞記」より）

（注）＊玉体＝皇帝のお体。　＊農節＝農作業に忙しい時期。

問い　――線部「太宗のいはく」について、言った言葉の最後の五文字を抜き出して書きなさい。（石川県）

こう考える

「太宗のいはく」は、「太宗が言うことには」の意。ここからあとの部分から引用の「と」を探せばよい。

2 次の文章を読んで、あとの問いに答えなさい。

答え➡別冊24ページ

大津御代官小野半之助、酒井忠勝の亭に入来して、「*勢田の橋殊のほか朽ち損じ候ふ故、相伺ひ掛け直したし」と申されければ、忠勝君*宣ふは、「掛け直さずしては往来危ふからんや」と御たづねありければ、いや危ふき程のことは候はず。数年のつくろひともに朽ち損じ、あまり見苦しく、この度はとかく掛け直して然るべしと申しければ、「以の外心得違ひなり。総じて戦国には橋をはね、または焼き捨て落とす故に、自然と新しくなるなり。治世には数年を経る故朽ち損ずる筈なり。殊に勢田の橋は、*京洛の道なるに、朽ち損ずること御代*静謐のしるしめでたきことなり。この後幾年を経ても、つくろひ直し然るべし」と宣ひ、掛け直しは止みけるとなり。

（原義胤「三省録後篇」より）

（注）＊勢田＝滋賀県大津市の地名。　＊宣ふ＝おっしゃる。　＊京洛＝京都。　＊静謐＝静かで落ち着いていること。

問い　本文中には、「　」で示した会話の部分以外に、もう一箇所会話の部分がある。その会話の言葉はどこからどこまでか。初めと終わりの三字をそれぞれ抜き出して書きなさい。（香川県）

初め

終わり

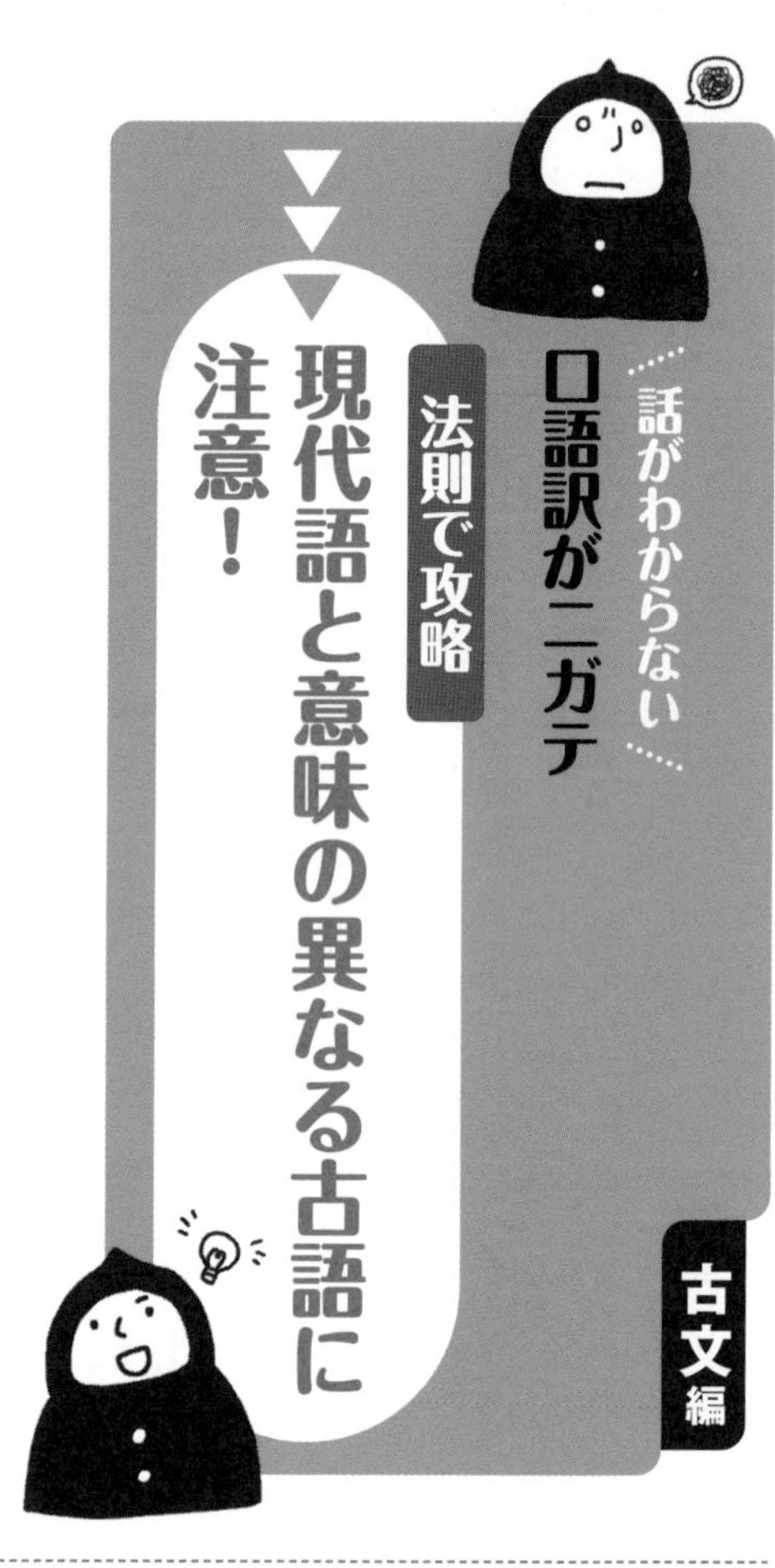

古文の口語訳では、古語の意味を覚えることが大切。特に、現代語と似た言葉で、意味が異なるものは、間違いやすいので注意して覚えよう。

この手順で解く

現代語にある言葉が出た！

現代語とは異なる意味が答えになる！

古語	意味	現代語の意味
あはれなり	しみじみした趣がある	かわいそうだ
をかし	美しい・風流だ	こっけいだ・変だ
うつくし	かわいらしい	美しい
あたらし	惜しい・もったいない	新しい
かなし	心ひかれる	悲しい

例題

「わがありし所へ、帰しやり給へ。①あからさまに行きて、また帰り参らむ」と②あながちに言ひければ、「しか。さおぼさば、はや帰り給へ」とて帰しける時に（以下略）（源俊頼「俊頼髄脳」より）

問い ――線部①・②の意味として最も適当なものを、それぞれ選びなさい。

① あからさまに
ア 遠慮することなく　**イ** 思いどおりに
ウ 明るいうちに　**エ** ほんのちょっと

② あながちに
ア 一方的に　**イ** 思いつめたように
ウ ついちょっと　**エ** 遠慮がちに

こう考える

現代語では次のような意味の語だが、古語での意味は異なる。
「あからさまに」……ありのままに・露骨に
「あながち」……（打ち消しを伴って）必ずしも

現代語訳 「わたしが住んでいた所（故郷）へ、送り帰してください。ほんのちょっと行って、また帰って参ります」と一方的に言ったところ、「そうですか。そうお思いならば、故郷に帰って早く戻って来てください」と言って帰らせた時に

答え

① **エ**

② **ア**

入試問題にチャレンジ

答え➡別冊25ページ

1 次の文章を読んで、あとの問いに答えなさい。

水なしの池、あやしう、などてつけるならむ（どうしてこのような名がついているのだろうか）と問ひしかば、「五月など、すべて雨いたく降らむとする年は、この池に水といふ物なくなむある。（中略）

（清少納言「枕草子」より）

問い ――線部「あやしう」の本文中での意味として次のうち最も適当なものを一つ選び、その記号を書きなさい。（大阪府）

ア 風流で　**イ** 気の毒で
ウ 明らかで　**エ** 不思議で

□

こう考える

「あやし」は、「奇妙だ・神秘的だ・珍しい・疑わしい・けしからん・見苦しい」といった意味の言葉である。

2 次の『徒然草』の原文と現代語訳とを読んで、あとの問いに答えなさい。

〈原文〉

人をよろこばしめんと思はば、更に遊びの興なかるべし。人に本意なく思はせて、わが心を慰まんこと、徳に背けり。

〈現代語訳〉

人を喜ばせようと思うならば、全く遊びのおもしろさはないはずである。人に□思わせて、自分の心を慰めようとすることは、人の道にそむいている。

（吉田兼好「徒然草」より）

問い ――線部「本意なく」の現代語訳として□にあてはまる最も適当なことばを、次の中から一つ選び、その記号を書きなさい。（愛知県）

ア おもしろく　**イ** 不思議に
ウ すばらしく　**エ** 残念に

□

この手順で解く

古文の主題は、最終文に込められていることが多い。

←

古文の主題に関する問題は、最終文を見ればわかる！

入試で出る古文は、まず、物語や随筆などの古文が書かれていて、最後に、主題や教訓がまとめられている！

例題

唐の太宗（太宗皇帝）の時、異国より＊千里の馬を献ず（献上した）。帝、これを得て、喜ばずして、みづから謂へらく（思うことは）、「たとひ、我独り、千里の馬に乗りて、千里を行くとも、随ふ臣（部下）なくんば、その詮なき（益がない）なり」。故に＊魏徴を召して（お呼びになって）、これを問ひ給へば、徴が云はく（言うことは）、「帝の心と同じ」と。依りて（それで）、かの馬に金帛を負せて、返さ（黄金と絹織物とを背負わせて献上した人にお返しになられた）しむ。今（今ここに）云はく、帝、なほ（やはり）、身の用ならぬ物をば持たずして、これを還す。

（『正法眼蔵随聞記』より）

（注）＊千里の馬＝一日に千里（非常に遠い距離のたとえ）を走りぬく名馬。
＊魏徴＝太宗皇帝に仕えた役人。

問い　「千里の馬」はどのようなもののたとえとして用いられていますか。最も適切な語句を、本文中から七字でそのまま抜き出して書きなさい。（青森県）

こう考える

最後の一文から主題が読み取れる。

現代語訳　唐の太宗皇帝の時、異国から千里の馬が献上された。帝は、これを得て、喜ばないで、自分で思うことは、「たとえ、自分独りが、千里の馬に乗って、千里を行っても、従う部下がなければ、その益がない」。だから魏徴をお呼びになって、これを問いなさったところ、徴が言うには、「帝のお考えと同じだ」と。それで、この馬に黄金と絹織物を背負わせて献上した人にお返しになられた。今ここに言うことは、帝でもやはり、必要ではない物を持たず、お返しになったということである。

答え　身の用ならぬ物

入試問題にチャレンジ

1 次の文章を読んで、あとの問いに答えなさい。

木下何某の、近臣をうち連れて楼に登り眺望ありしに、遥向ふに松ありて、梢に鶴の巣をなして、雄雌餌を運び養育せる有り様、遠眼鏡にて望みしに、松の根より、よほど太き黒きもの段々木へ登る様、うはばみの類なるべし。「やがて巣へ登りて雛をとり喰ふならん。あれを制せよ」と、人々申し騒げどもせん方なし。しかるに、二羽の鶴のうち、一羽蛇を見付けし体にてありしが、虚空に飛び去りぬ。「哀れいかが、雛はとられなん」と手に汗して望み眺めしに、もはや、かの蛇も梢近く至り、あわやと思ふ頃、一羽の鷲遥に飛び来り、蛇の首を喰へ、帯を下げし如く空中をたち帰りしに、親鶴も程なくたち帰りて雌雄巣へ戻り、雛を養ひしとなり。鳥類ながら、その身の手に及ばざるをさとりて、同類の鷲を雇ひ来りし事、鳥類心ありける事と語りぬ。

（根岸鎮衛「耳袋」より）

（注）＊何某＝人の名を省略したり、ぼかしたりしていうことば。
＊鶴＝ここでは、コウノトリやアオサギなど、「鶴に似た鳥」のこと。
＊うはばみ＝大きな蛇。

答え➡別冊26ページ

問い この文章の内容を説明したものとして最も適当なものを、次の中から一つ選び、その記号を書きなさい。（北海道）

ア 弱いものが、身に降りかかった災難を自分だけの力で解決しようと努力して、思いもよらない力を発揮することで解決した。

イ 賢いものが、身に降りかかった災難を自分だけの力では解決できないと判断し、多くの仲間と協力し合うことで解決した。

ウ 賢いものが、身に降りかかった災難を自分だけの力で解決しようと考えて、あきらめずに何度も挑戦することで解決した。

エ 弱いものが、身に降りかかった災難を自分だけの力では解決できないと気付き、強いものの力を借りることで解決した。

□

こう考える

最終文に「鳥類心ありける」とあるように、筆者は、鶴が人間と同じように、困りごとを他人の力を借りて解決したことに感心している。

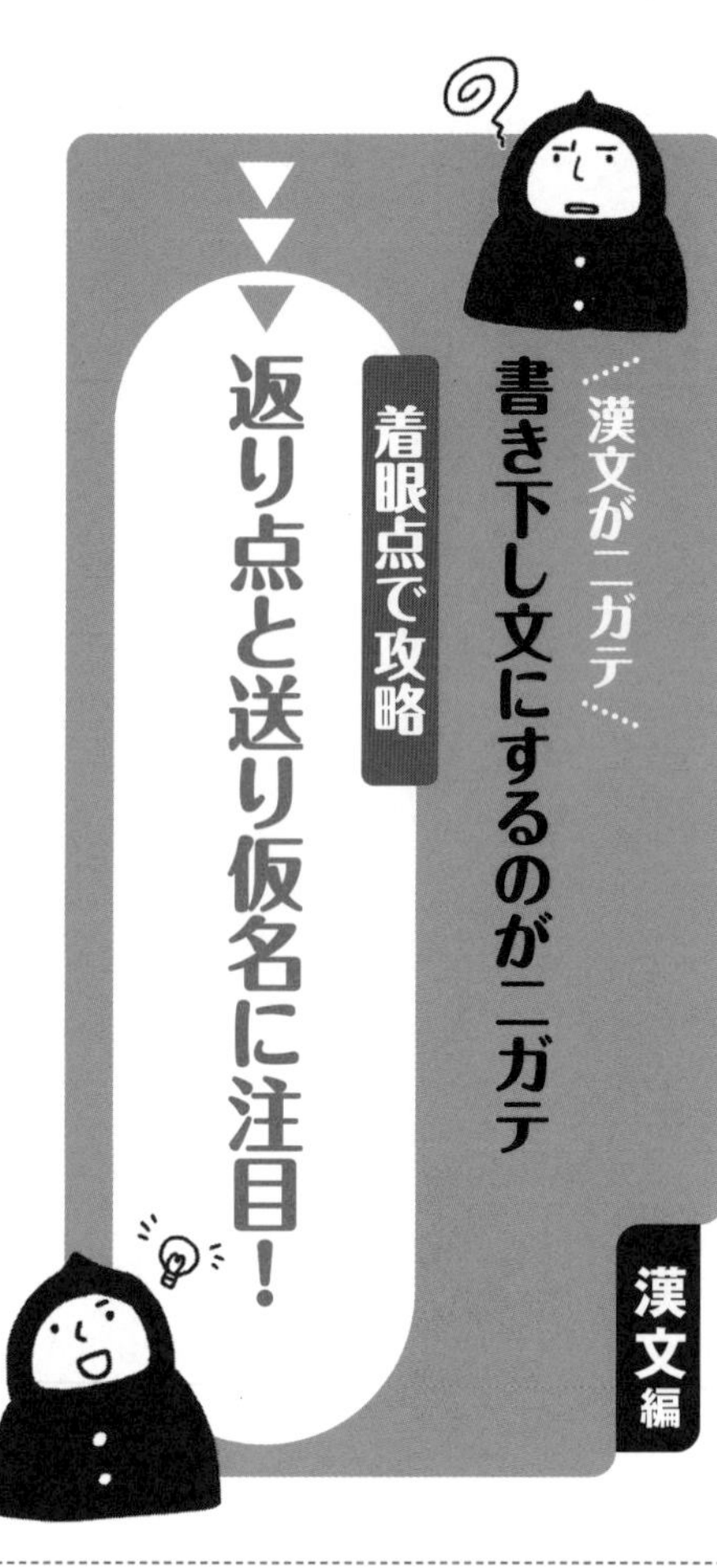

漢文編

漢文がニガテ

書き下し文にするのがニガテ

着眼点で攻略 返り点と送り仮名に注目！

「書き下し文」は、漢文を日本語の文章のように読んだ文（訓読文）を漢字仮名交じりで書いたもの。漢文は次のような形で表される。

□ ○→送り仮名（歴史的仮名遣い、片仮名）
○→返り点（レ点・一二点・上下点）

ココは覚える〈返り点のきまり〉

・レ点（直前のレ点のついた字に返って読む）
2レ 1　例 読ムレ書ヲ（書を読む）

・一二点（二字以上飛ばして返って読む）
3二 1 2一　例 知ル二天命ヲ一（天命を知る）

・上下点（一二点を間にはさんで返って読む）
例 有リ下朋（とも）自（より）二遠方一来タル上（朋遠方より来たる有り）

例題

【書き下し文】
子路（しろ）□。子曰（い）はく、「己を修めて以（もっ）て敬（けい）す。」と。

【訓読文】※原文（白文）に句読点、返り点、送り仮名をつけた文章。
子路問フ二君子ヲ一。子曰ハク「修メテレ己ヲ以テ敬スト。」

【現代語訳】
子路は君子がするべきことを質問した。先生がおっしゃるには、「自分を磨いて慎み深くすることだ。」と。（「論語（ろんご）」より）

問い 返り点と送り仮名に注意して、□に入る書き下し文を書きなさい。（書き下し文の送り仮名は、歴史的仮名遣いで書く。）（三重県）

こう考える

□の部分にあたる訓読文の字は「問君子」の三文字。まず、返り点にしたがって読む順序を考えると、

問フ二（3）君（1）子ヲ一（2）。

となる。次に送り仮名をつける。「子」の右下の「ヲ」は助詞で「君子を」、「問」の右下の「フ」は送り仮名で「問ふ」となる。

答え 君子を問ふ

入試問題にチャレンジ

答え➡別冊27ページ

1 次の漢文と解説文を読んで、あとの問いに答えなさい。

人の短を道ふこと無かれ、己の長を説くこと無かれ。人に施しては慎んで念ふこと勿かれ、［　　］慎んで忘るること勿かれ。

無カレレ道フコト二人之ノ短ヲ一、無カレレ説クコト二己之長ヲ一。

施シテハレ人ニ慎ンデ勿カレレ念フコト、受ケテハレ施シヲ慎ンデ勿カレレ忘ルルコト。

（崔瑗「座右銘」）

（解説文）この文は、崔瑗という人物が、自分の身近な所（座右）に置いて戒めとするために書いたものである。他人の欠点を言わないこと。自分の長所を口にしないこと。他人に恩恵を与えた時は、決して心に留めておかないこと。他人から恩恵を受けた時は、くれぐれも感謝の気持ちを忘れないこと。と四つの戒めを示している。

問い　空欄［　　］に入るように、――線部を書き下し文に直しなさい。（兵庫県）

2 次の漢詩を読んで、あとの問いに答えなさい。

秋思　張籍

洛陽城裏見ル二秋風ヲ一

欲シテレ作ラント二家書ヲ一意ヒ万重

復タ恐ル怱怱トシテ説キテ不ルヲレ尽クサ

行人臨ミテレ発スルニ又開ク封ヲ

洛陽城裏　秋風を見る

［　　］意ひ万重

復た恐る　怱怱として

説きて尽くさざるを

行人発するに臨みて

又封を開く

問い　漢詩の返り点と送り仮名をもとに、［　　］に入る書き下し文を書きなさい。（宮崎県）

こう考える

範囲の漢字を上から順に見て、返り点のついていない字から読む。一点の字の次は二点の字を読む。レ点の前後の字は下から上の順に読む。

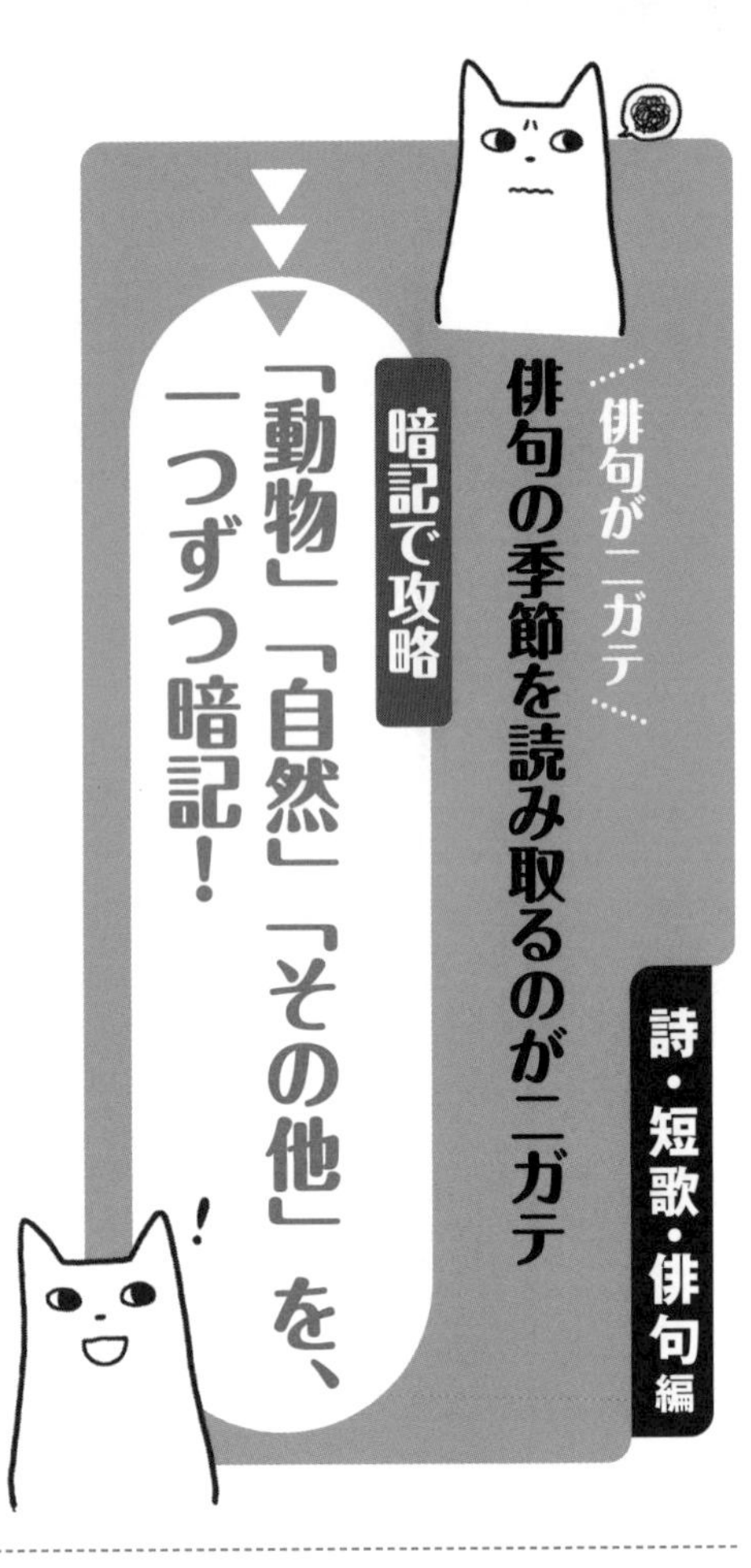

詩・短歌・俳句編

俳句が二ガテ

俳句の季節を読み取るのが二ガテ

暗記で攻略

「動物」「自然」「その他」を、一つずつ暗記！

季節	動物	自然	その他
春	蝶	種	入学
夏	かたつむり	若葉	うちわ
秋	ばった	朝顔	七夕
冬	白鳥	木枯らし	咳

現代の季節感覚と俳句の「季語」の季節とは、約ひと月ずれていることに注目！

ココは覚える 〈よく出る紛らわしい季語〉

たんぽぽ・雲雀（春）、滝・夕立ち（夏）、天の川・啄木鳥（秋）、小春日・大根（冬）。

例題

問い 「睡りたる子に止めて置く扇風機（稲畑汀子）」と同じ季節を詠んだ俳句を選びなさい。（栃木県）

ア 離れて遠き吾子の形に毛糸編む（石田波郷）

イ はばからずラムネの玉を鳴らし飲む（石川星水女）

ウ 桃の花川はひかりを流しをり（小檜山繁子）

エ 銀杏が落ちたる後の風の音（中村汀女）

こう考える

それぞれの俳句の季語と季節は、次のとおり。

「扇風機」……**夏の季語。**夏に使う冷房器具。**「うちわ」**や**「クーラー」**なども同様。

「毛糸編む」…**冬の季語。**毛糸で編むのは、マフラーや手袋など冬用の衣類であることから。

「ラムネ」……**夏の季語。**炭酸飲料。昔は中にガラス玉の入った瓶で売られていた。夏に冷やして飲む。

「桃の花」……**春の季語。**桃は春に咲く花。**雛祭り**は**「桃の節句」**ともいう。**「桃（果実）」**は**秋の季語**である。

「銀杏」………**秋の季語。**「ぎんなん」はイチョウの実。秋に熟した実を落とす。食用になる。

答え **イ**

入試問題にチャレンジ

1 **次の和歌を読んで、あとの問いに答えなさい。**

袖ひちてむすびし水のこほれるを
　　春立つ今日の風やとくらむ　　紀貫之

【現代語訳】

袖がぬれるのもかまわず、手ですくったあの水がこおっている(こおった)のを、立春の今日の風が、今ごろはとかしているだろう。

問い 和歌で詠まれている「風」と、同じ季節の風が詠まれている俳句を、次の中から一つ選び、その記号を答えなさい。（宮崎県）

ア 涼風や机上に白き貝一つ
イ コスモスや風の量ほど花唄ふ
ウ 海に出て木枯帰るところなし
エ 風吹いて蝶々迅く飛びにけり

2 **「冬の季語」がふくまれる句を、次の中からすべて選び、その記号を答えなさい。**（滋賀県）

ア 夕立や草葉を掴むむら雀
イ うつくしや年暮れきりし夜の空
ウ 菜の花に雨の近づくにほひ哉
エ こがらしに二日の月のふきちるか
オ 名月や池をめぐりて夜もすがら

答え➡別冊28ページ

3 **次の俳句を読んで、あとの問いに答えなさい。**

・スケートの紐むすぶ間も逸りつつ　　山口誓子

問い この俳句と同じ季節を詠んだ俳句はどれか。（栃木県）

ア 山風にながれて遠き雲雀かな　　飯田蛇笏
イ 名月や池をめぐりて夜もすがら　　松尾芭蕉
ウ 音もなし松の梢の遠花火　　正岡子規
エ 淋しさの底ぬけて降るみぞれかな　　内藤丈草

4 **次の文章は、ある中学生が書いた中村草田男の俳句の鑑賞文です。あとの問いに答えなさい。**

炎熱や勝利の如き地の明るさ　　中村草田男

この俳句の□は「炎熱」です。「炎熱」とは、厳しい暑さのことですが、それを「や」で受けて、力強い感動が示されます。

問い 文章中の□に入る言葉を漢字二字で答えなさい。（宮城県）

詩・短歌・俳句編

詩がニガテ

詩の主題がわからない

着眼点で攻略

題名やくり返し出てくる言葉に注目!

表現技法が用いられているところに主題あり。

例題

空をかついで

石垣（いしがき）りん

肩は
首の付け根から
なだらかにのびて。
肩は
地平線のように
つながって。
人はみんなで
空をかついで
きのうからきょうへと。

子どもよ
おまえのその肩に
おとなたちは
きょうからあしたを移しかえる。
この重たさを
この輝きと暗やみを
あまりにちいさいその肩に。
少しずつ
少しずつ。

倒置法

（「略歴」による）

問い ――線部「少しずつ／少しずつ」とありますが、ここに込められた作者の気持ちはどのようなものですか。次の**ア**～**エ**のうちから、最も適当なものを一つ選び、その記号を書きなさい。

ア あせらずゆっくりと進めていこうという気持ち。
イ 少しでも本気でやっていくべきだという気持ち。
ウ わずかでも先に延ばしておきたいという気持ち。
エ 少し考えておかなければならないという気持ち。

（岩手県）

こう考える

「あまりにちいさいその肩に」とあることから、「子ども」を心配して慎重に進めようとしていることがうかがえる。

答え **ア**

ココは覚える〈詩の表現技法〉
直喩・隠喩・擬人法・反復・倒置・対句・体言止め

入試問題にチャレンジ

1 次の詩を読んで、あとの問いに答えなさい。

大空への思慕

福田正夫（ふくだまさお）

空をさしている大樹、
のびよ、その枝、その幹のごとく。

わが胸の奥にも、
大空への思慕がうめきながら、
生の呼吸を忙しくする。

ああ、光の消え行くような夕暗に、
わが心の中の大樹はひっそりと立つ、
しずかにしずかにのびて行く、
わが正しき生命の影を地上に長く曳（ひ）いて。

（「星の輝く海」より）

問い ——線部「心の中の大樹」とありますが、これはどのようなものを表していますか。それを説明した次の文の□にあてはまる言葉を、二十字以上三十字以内で書きなさい。（岩手県）

・「心の中の大樹」を取り巻く環境は、「光の消え行くような夕暗」ではあるが、「大樹」は、かすかな光を受けて「ひっそりと立」ち、「正しき生命の影を」静かに地上にのばしている、と描かれている。このことから、「心の中の大樹」は、□意志を表している。

答え➡別冊29ページ

こう考える

比喩（たとえ）の表現は詩の主題にかかわる重要な部分。詩の題名になっている言葉の意味にも要注意。

第一連における実際の景色としての「大樹」が、第二・三連で、作者の心情の比喩として印象的に表現されている。

「大空への思慕」
＝理想を追求しようとする向上心。

「生の呼吸を忙しくする」
＝息のつまるような湧きあがる思い。

「光の消え行くような夕暗」
＝先の見えない不安な状況。

「わが心の中の大樹」
＝高い理想に向かって生きようとする意志。

「わが正しき生命の影」
＝自分が正しいと信じる理想の生き方。

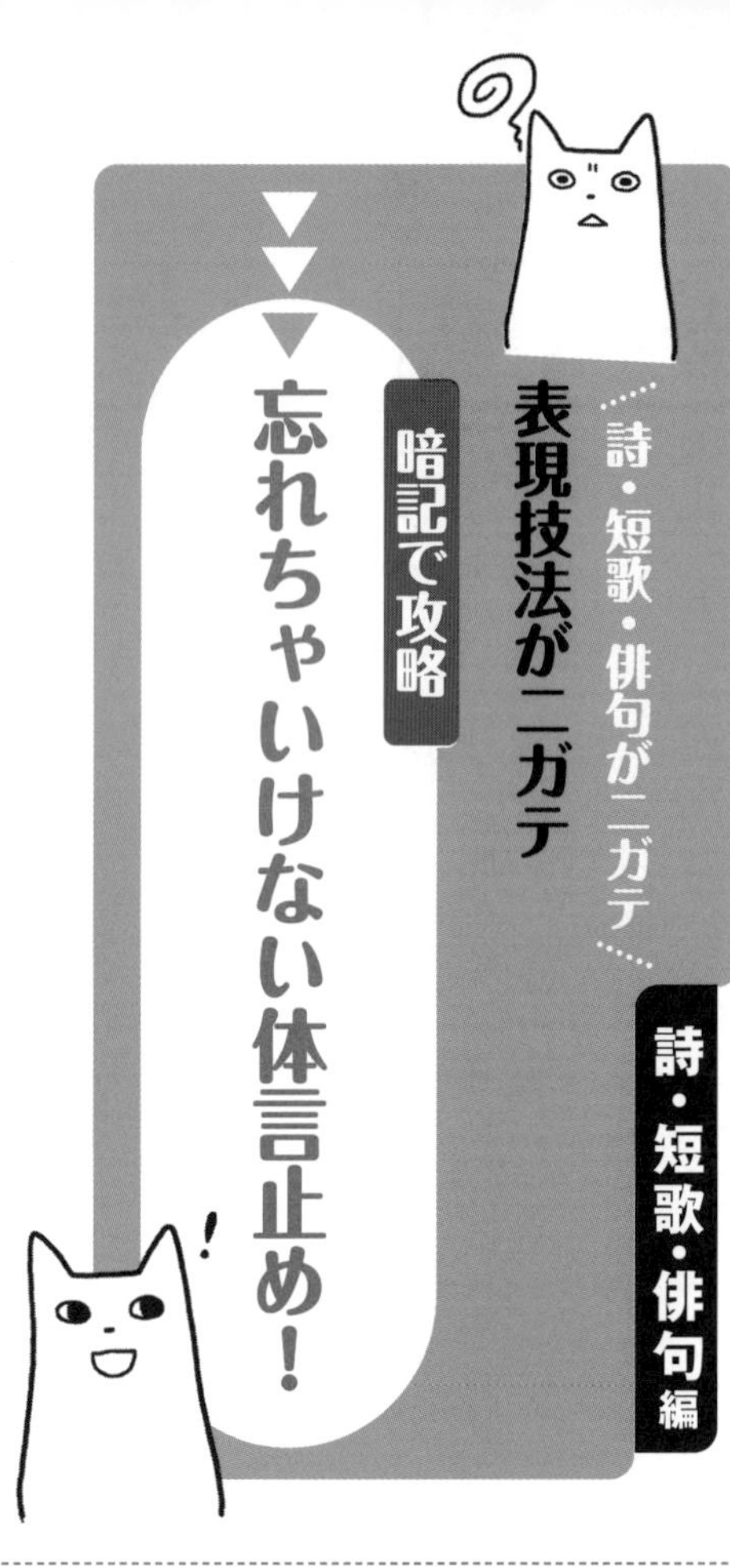

表現技法がニガテ

暗記で攻略 忘れちゃいけない体言止め！

「体言止め」とは、詩の行末や短歌・俳句の最後を助詞や助動詞を伴わない名詞で終える表現技法のこと。余韻を持たせたり、強調したりする効果がある。

この手順で解く

詩の行末や、短歌・俳句の結句が、名詞（体言）
↓
「体言止め」

一度覚えてしまえば簡単に見つけることができるのが「体言止め」だ！

例題

いつしかに春の名残（なごり）となりにけり昆布干場（こんぶほしば）のたんぽぽの花
北原白秋（きたはらはくしゅう）

（茨城県）

問い この短歌に用いられている表現技法を、次の中から一つ選んで、その記号を書きなさい。

ア 擬態語　**イ** 対句
ウ 係り結び　**エ** 体言止め

こう考える

短歌の最後の部分に注目！「たんぽぽの花」で結ばれている。「花」は、名詞（体言）。

現代語訳 いつのまにか春の名残のようになってしまったなあ、昆布干し場のたんぽぽの花は。

わからなかったら暗記 そのほかの表現技法を**例**で覚えよう！

例 きらきら光る星…**擬態語**

例 青い 空は 輝く、
白い 雲は 流れる…**対句**

答え エ

入試問題にチャレンジ

1 次の短歌を読んで、あとの問いに答えなさい。

A　朝あけて船より鳴れる太笛(ふとぶえ)のこだまはながし*並(な)みよろふ山　斎藤茂吉(さいとうもきち)

B　*立山(たてやま)が*後立山(うしろ)に影うつす夕日のときの大きしづかさ　川田順(かわだじゅん)

C　*ゆゆしくも見ゆる霧かも倒(さかさま)に*相馬(そうま)が嶽(たけ)ゆ揺(ゆ)りおろし来(き)ぬ　長塚節(ながつかたかし)

D　*槍ヶ嶽(やりがたけ)のいただきに来て見放(さ)くるは*陸測二十万図九枚の山山　中西悟堂(なかにしごどう)

E　山脈(やまなみ)は丘に低まる北の果て雪解(ゆきげ)の土の黒くうるおう　窪田章一郎(くぼたしょういちろう)

F　ふるさとの*尾鈴(をすず)の山のかなしさよ秋もかすみのたなびきて居(を)り　若山牧水(わかやまぼくすい)

（注）
＊並みよろふ＝連なる。
＊立山・後立山・槍ヶ嶽＝いずれも中部地方の山の名前。
＊ゆゆしくも＝おそろしくも。
＊相馬が嶽＝群馬県にある山の名前。
＊陸測二十万図＝二十万分の一の地図。
＊尾鈴の山＝宮崎県にある山の名前。

答え➡別冊30ページ

問い　山頂に立ち、四方に広がる壮大な風景を、大胆な表現と体言止めを使って印象深く表現している短歌はどれか。A〜Fの中から一つ選びなさい。（福島県）

□

こう考える

体言止めは、A「山」、B「しづかさ」、D「山山」の三首に用いられている。「山頂に立ち」とあるので、D「槍ヶ嶽のいただきに来て」と合っていることがわかる。「大胆な表現」とは「陸測二十万図九枚の」を指す。

裏ワザ

〈体言についてのテクニック二つ!!〉

・**「体言」の見つけ方**

「体言」とは「名詞」のことなので、「〜は」「〜が」にあてはめてみるとわかる。主語になるのが名詞＝体言。

・**これも「体言」**

「疲れ」「あたたかみ」「しずかさ」などは、動詞や形容詞・形容動詞と間違えやすいので要注意。

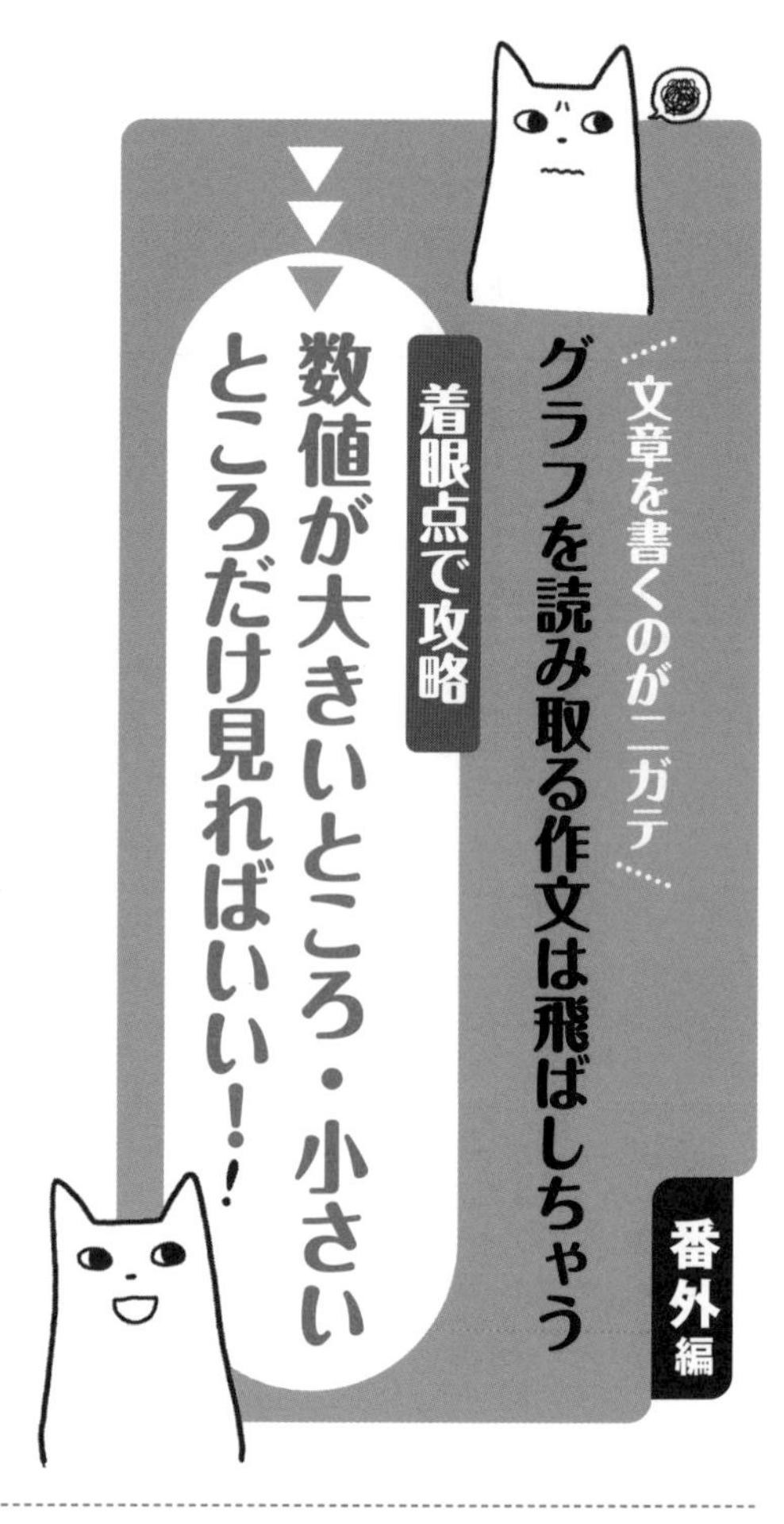

番外編

文章を書くのがニガテ

グラフを読み取る作文は飛ばしちゃう

着眼点で攻略

数値が大きいところ・小さいところだけ見ればいい!!

この手順で解く

グラフの中で、数値が大きいところか、小さいところを探す。

←

それを「気づいたこと」として、作文を書く!

グラフを見て書く作文は、グラフ全部を見ないようにしよう!

例題

下の資料は、全国の子供や若者を対象に行った意識調査の結果を、二つの年齢層に分けてグラフで表したものである。この資料を見て気づいたことと、「自分自身を変えること」についてのあなたの考えや意見を、次の条件に従って書きなさい。

（福島県・改）

条件

1、まず資料を見て気づいたことを、次に資料を見て気づいたことを踏まえて、「自分自身を変えること」についてのあなたの考えや意見を書くこと。

2、全体を百五十字以上、二百字以内でまとめること。

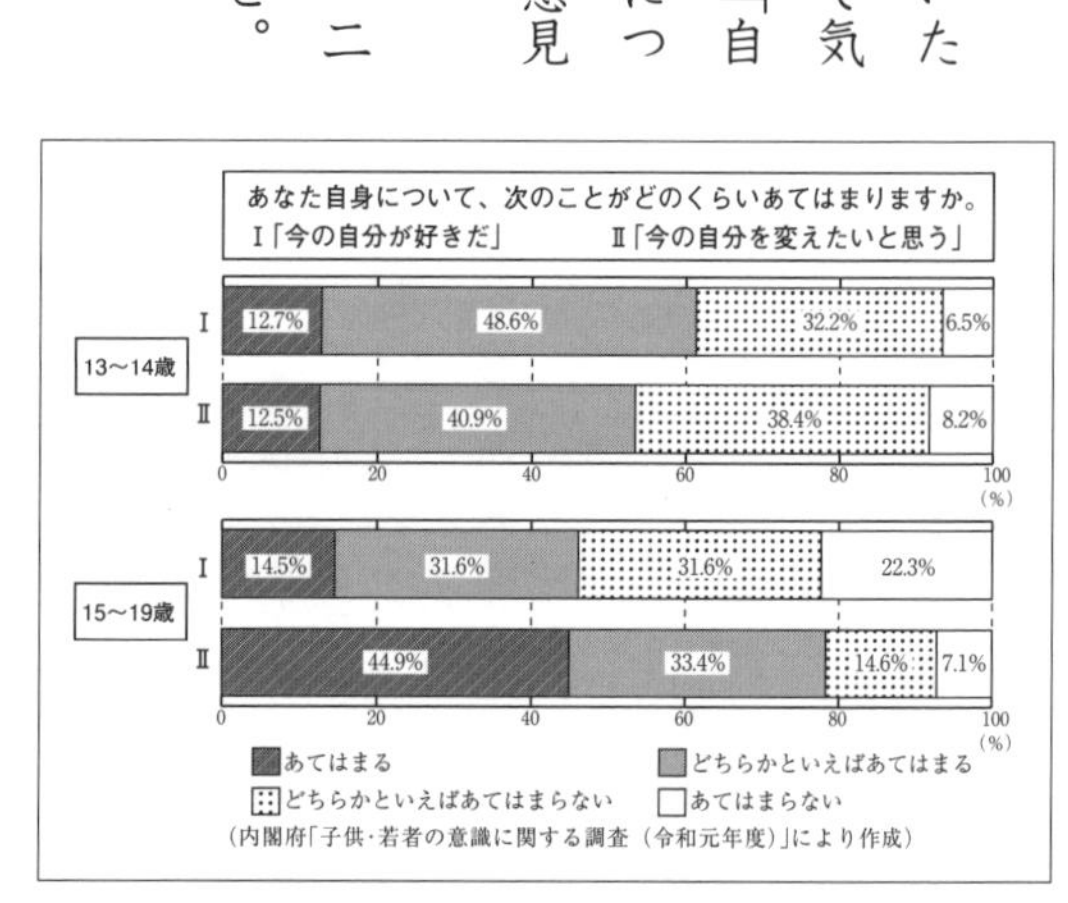

（内閣府「子供・若者の意識に関する調査（令和元年度）」により作成）

こう考える

一番数値の大きい、13～14歳のⅠ「どちらかといえばあてはまる」か、一番小さい、13～14歳のⅠ「あてはまらない」について書けばよい。

答え **例**

私は、十三～十四歳の五割弱が、「今の自分が好きだ」について「どちらかといえばあてはまる」と回答したことに気づいた。私の弟は十三歳で、部活動を通して日々成長しているように思える。弟自身、自分が好きなのだと思う。ここから私は、自分自身は変えようとするものではなく、日々の成長の中で、自然と変わっていくのだと考える。（百五十五字）

入試問題にチャレンジ

1 次の二つのグラフは、目的によって、どのメディアを最も多く利用するかを尋ねた結果をもとに作成したものである。これらのグラフを見て、あとの問いに答えなさい。（岐阜県）

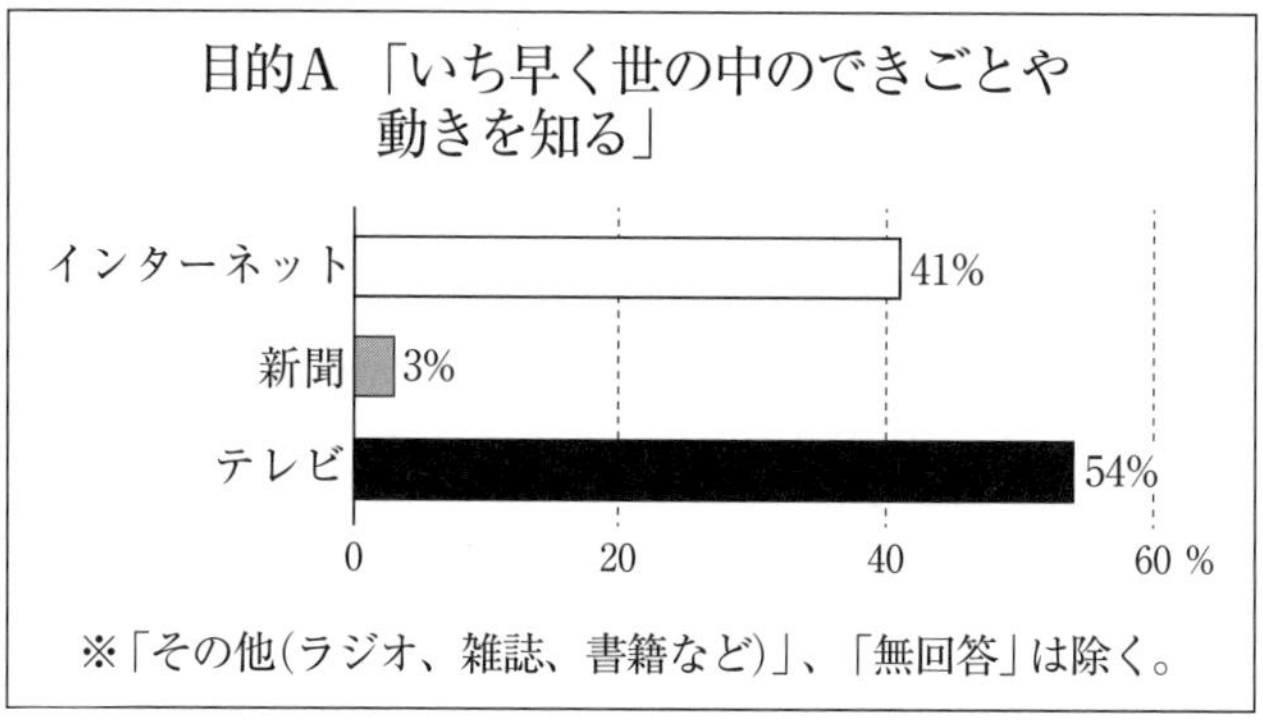

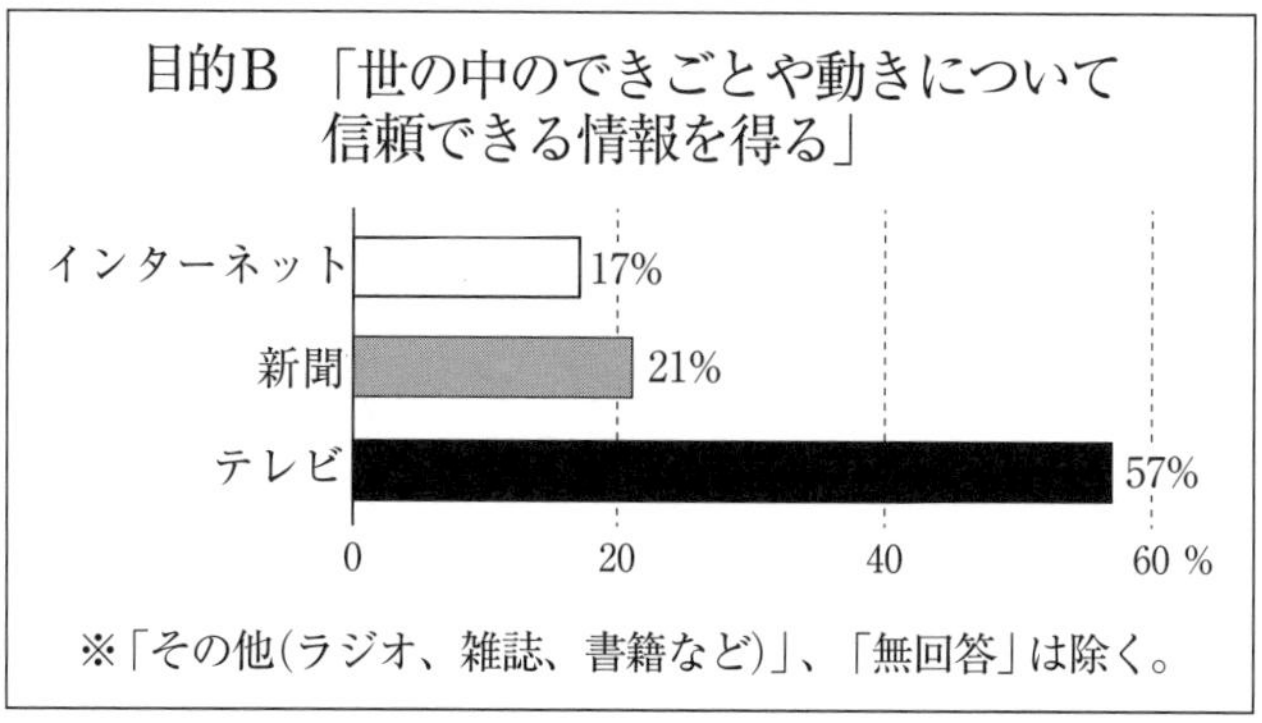

目的A「いち早く世の中のできごとや動きを知る」

	%
インターネット	41%
新聞	3%
テレビ	54%

※「その他（ラジオ、雑誌、書籍など）」、「無回答」は除く。

目的B「世の中のできごとや動きについて信頼できる情報を得る」

	%
インターネット	17%
新聞	21%
テレビ	57%

※「その他（ラジオ、雑誌、書籍など）」、「無回答」は除く。

（総務省情報通信政策研究所「平成28年情報通信メディアの利用時間と情報行動に関する調査」より作成）

問い 世の中のできごとや動きについて信頼できる情報を得るためには、どのメディアを利用するとよいと思うか。あなたの考えを書きなさい。段落構成は二段落構成とし、第一段落ではあなたが利用するとよいと思うメディアを、第二段落ではそのように考えた理由を、具体的な例、あるいはグラフの結果を活用して書きなさい。なお、利用するメディアは複数でもよい。

《注意》

(一) 題名や氏名は書かないこと。
(二) 書き出しや段落の初めは一字下げること。
(三) 六行以上九行以内で、縦書きで書くこと。
(四) 目的AをA、目的BをBと書いてもよい。
(五) グラフの数値を記入する場合は、左の例にならうこと。

(例) 100% 20%

答え➡別冊31ページ

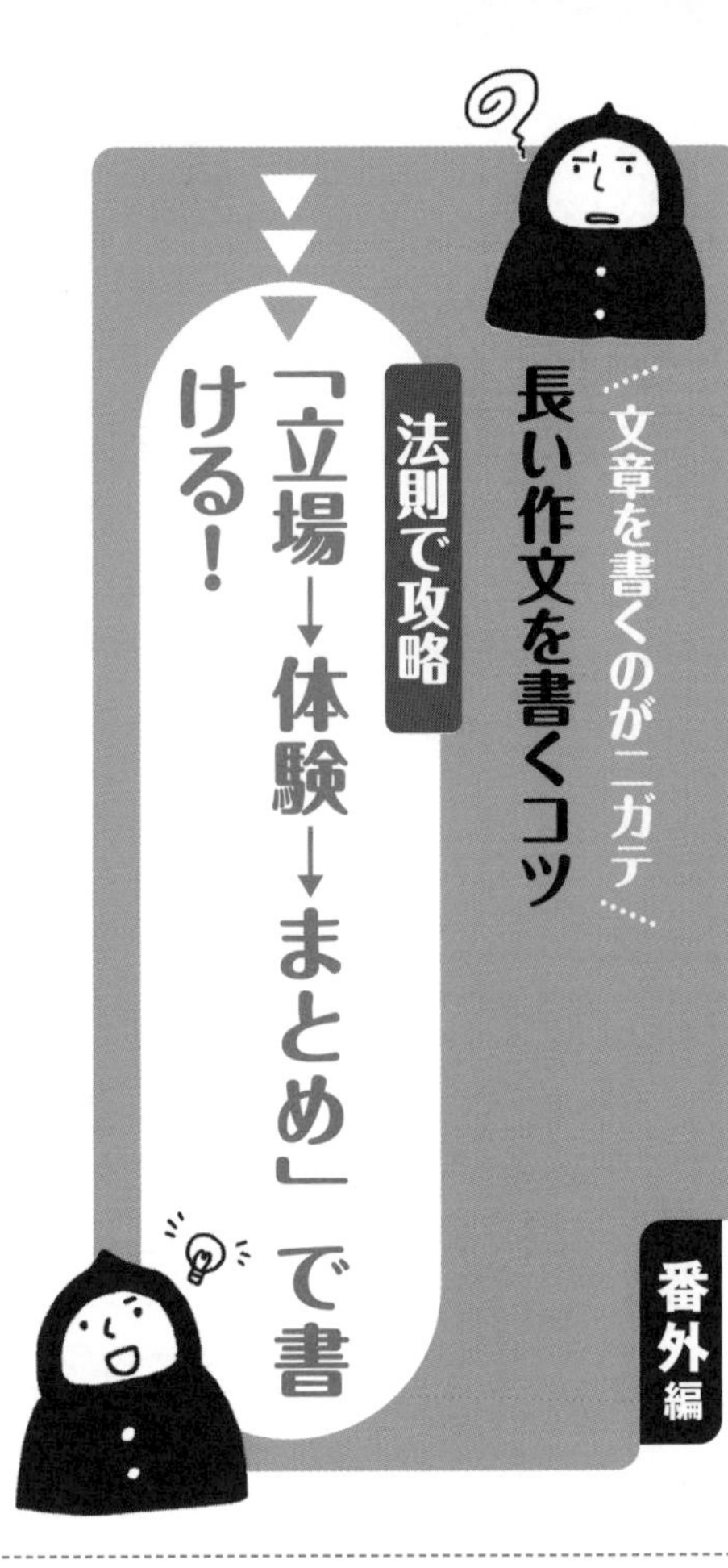

この手順で解く

立場 まず、課題に対して、自分はどういうことを書こうとしているのかを示す。

体験 次に、自分の具体的な体験を理由として、その立場を取るのはなぜかを説明する。

まとめ 最後に、立場に対する自分の感想や意見を書く。

特に条件がない限り、どんな課題であっても、この構成を守っていれば書ける！

例題

「他者からの学び」について、体験をとおして、あなたが感じたことや考えたことを、百六十字～二百字で書きなさい。

〔作文の注意〕

(一) 原稿用紙の正しい使い方に従い、文字や仮名遣いも正確に書くこと。

(二) 題名、氏名は書かないこと。

（宮城県）

こう考える

「他者からの学び」について、次の手順で解こう。

1 まず、自分の立場（どういうことを他者から学んだか）を書く。

2 次に、どういう体験があったのかを、具体的に書く。

3 最後に、他者から学んだことについて、自分の考えや感想を書く。

答え **例**

「他者からの学び」といえば、私は部活動のことを思い浮かべる。私の友人は、運動は苦手なのだが、私と一緒にサッカー部に入部した。入部当初、彼は全く練習についていけなかった。しかし、彼は途中で退部することなく必死に努力を続け、三年になって、レギュラーの座をつかんだのだ。このことを通して私は、努力を続けることのすばらしさを学んだ。私も友人のように、困難なことに対しても努力を続けられる人になりたいと思う。（二百字）

入試問題にチャレンジ

1 国語の授業で、次の古典の文章を読んで、論理的でわかりやすい話し方について話し合い、そこで出た意見を参考にして、文化祭のクラス企画について意見文を書くことになりました。次の【I】～【III】について、あとの問いに答えなさい。

（茨城県）

答え➡別冊32ページ

【I】古典の文章

昔、孔子車に駕（乗って）して其の道に行く。三人の七才なる童有り。土（土をこねて作った城の模型）の城を作りて遊戯す（楽しく遊んでいた）。時に孔子来りて小児に告げて云はく（言うには）、「小児、汝等（お前たち）、道を逃けて（空けて）吾が車を過ぐせ（通せ）」と。小児等嘆きて曰はく（言うには）、「未だ車を逃くる城をば聞かず。城を逃くる車をば聆く（聞いたことがある）」と。仍（そこで）りて孔子、車を却けて（よけて）城の外より過ぐ。敢へて理を横にせず（決して道理を曲げることはしなかった）。

【II】グループでの話し合い

（一郎）今日は、古典の文章をもとに、相手を説得する方法について話し合います。

（花子）古典の文章には孔子と子どもの会話が書かれていますね。孔子は、子どもに道を空けるように言っています。

（次郎）子どもは、城は車をよけることはできない、と孔子に言っていますね。孔子を説得するために効果的なのは、どういう点だったのでしょうか。

（明子）孔子は、子どもの理屈を聞いて、本物の城でも、子どもが作った土の城でも同じことだと思ったのですね。文章にも「敢へて理を横にせず」と書いてあります。

（一郎）相手を説得するためには、筋道の通った話をすることが大切なのですね。

（花子）以前、国語の授業で、どういう順序で話すのかということを考えることが重要だと学びました。それに加えて、異なる立場からの反対意見も想定して、反論を考えていくことも必要だと思います。

【Ⅲ】文化祭のクラス企画について、一回目の学級会で出た案

<u>文化祭のクラス企画について</u>

・文化祭のテーマ
　「心を一つに」

・クラス企画の発表日時
　10 月 31 日（土）10:00 ～ 14:00

○クラス企画の案

1　お化けやしき
　場所：教室
　内容：昔話を元にしたお化けやしきにする。お化けの姿に仮装して驚かす。

2　ミュージカル
　場所：体育館ステージ
　内容：地域に伝わる伝説をテーマにしたミュージカルを演じる。

3　学習成果の発表
　場所：教室
　内容：地域の伝統文化について各班で調べた内容をまとめて展示する。

4　美術作品の展示
　場所：１階多目的室
　内容：文化祭のテーマに基づいた大きな美術作品を制作して展示する。

問い　授業の後、文化祭のクラス企画を一つ決める二回目の学級会が開かれることになっている。学級会では、希望するクラス企画について、それぞれが意見を発表した後、話し合いによって企画を決定する。あなたが希望するクラス企画を【Ⅲ】の中から一つ選び、【Ⅰ】と【Ⅱ】を参考にして、あなたの考えを書きなさい。

ただし、以下の条件に従うこと。

1　百六十字以上、二百字以内で書くこと。（句読点を含む。）

2　二段落構成とし、第一段落には、あなたが希望するクラス企画とその理由を書くこと。第二段落には、自分の希望するクラス企画に賛成を得られるような内容を、他のクラス企画一つと比較して書くこと。

3　題名と氏名は書かないこと。

4　正しい原稿用紙の使い方をすること。

5　～～や＝＝の記号（符号）を用いた訂正はしないこと。

6　文体は、「です・ます」体で書くこと。

付録　覚えよう

四字熟語

1 異口同音（いくどうおん）　多くの人がみな口をそろえて同じことを言うこと。

2 以心伝心（いしんでんしん）　言葉で言わなくてもお互いに気持ちが通じ合うこと。

3 一期一会（いちごいちえ）　一生に一度きりのことや一生に一度きりの出会い。

4 一石二鳥（いっせきにちょう）　一つのことで同時に二つの利益を得ることのたとえ。

5 一朝一夕（いっちょういっせき）　ひと朝ひと晩の意からわずかな時日のたとえ。

6 因果応報（いんがおうほう）　善いことをすれば善い報い、悪いことをすれば悪い報いがあること。

7 我田引水（がでんいんすい）　物事を自分の都合のよいようにはからうこと。

8 危機一髪（ききいっぱつ）　髪の毛一本ほどのところに危険がせまっている状態のたとえ。

9 起承転結（きしょうてんけつ）　漢詩の構成。転じて文章や物事の構成。

10 喜怒哀楽（きどあいらく）　喜び・怒り・悲しみ・楽しみ。さまざまな人間の感情。

11 言語道断（ごんごどうだん）　非難の言葉も出ないほどひどいこと。もってのほか。

12 自画自賛（じがじさん）　自分で自分をほめること。

13 自業自得（じごうじとく）　自分でした悪いことの報いが自分の身にふりかかってくること。

14 十人十色（じゅうにんといろ）　人それぞれ好みや考え、性格などが違うこと。

15 心機一転（しんきいってん）　あるきっかけから気持ちがすっかり変わること。

16 絶体絶命（ぜったいぜつめい）　追いつめられてどうすることもできない状態。

17 前代未聞（ぜんだいみもん）　今まで聞いたこともないような珍しいこと。

18 大器晩成（たいきばんせい）　大人物はふつうより遅れて大成していくこと。

19 単刀直入（たんとうちょくにゅう）　前置きなしでいきなり本題に入ること。

20 当意即妙（とういそくみょう）　その場にふさわしい機転の利いたとっさのふるまい。

21 東奔西走（とうほんせいそう）　あちこち忙しく駆け回ること。

22 八方美人（はっぽうびじん）　誰からもよく思われようとしてみんなに愛想よくふるまう人。

23 不言実行（ふげんじっこう）　文句や理屈をいちいち口に出さずに黙って行うべきことを行うこと。

24 本末転倒（ほんまつてんとう）　物事の大切なことと、つまらないことを取り違えること。

25 無我夢中（むがむちゅう）　我を忘れるほど何かに熱中すること。

26 優柔不断（ゆうじゅうふだん）　ぐずぐずして決断の鈍いこと。

27 用意周到（よういしゅうとう）　準備が行き届いて手抜かりがないこと。

28 竜頭蛇尾（りゅうとうだび）　はじめは勢いが盛んだが終わりにはふるわないことのたとえ。

29 老若男女（ろうにゃくなんにょ）　年齢性別に関わりなくすべての人々。

30 和洋折衷（わようせっちゅう）　日本と西洋の様式をほどよく取りまぜること。

慣用句

1 足もとを見る　人の弱みにつけ込むこと。
2 足を引っぱる　他人の成功や前進の邪魔をすること。
3 油を売る　無駄話などで時間をつぶし怠けること。
4 後ろ髪を引かれる　未練が残りなかなか思い切れないこと。
5 馬が合う　気が合う。調子が合う。
6 瓜二つ　瓜を縦二つに割ったようによく似ていること。
7 雲泥の差　天地の差くらい大きな違いがあること。
8 お茶をにごす　いいかげんなことを言ってその場を適当にごまかすこと。
9 顔に泥を塗る　面目をつぶすこと。
10 肩で風切る　肩をそびやかしていばって歩く様子。また得意そうにふるまうこと。
11 気が置けない　気遣いする必要がなく心から打ちとけられる。
12 机上の空論　頭で考えただけで実際の役に立たない理論。
13 木で鼻をくくる　対応が極めて冷淡でそっけない様子。
14 釘を刺す　あとになってもめごとがないように念を押すこと。
15 口が減らない　口が達者で負け惜しみや理屈をいいつのる。
16 蜘蛛の子を散らす　大勢の人がいっせいに逃げて散り散りになる様子。
17 さじを投げる　医者が患者を見放す。物事をあきらめて手を引くこと。
18 舌を巻く　口がきけなくなるほど非常に驚いたり感心したりすること。
19 しのぎを削る　激しく競い合うこと。
20 しらを切る　知っていても知らないふりをすること。
21 雀の涙　極めて少ないことのたとえ。
22 反りが合わない　気心が合わないためうまくやっていけない。
23 立て板に水　立てかけた板に水を流すようにすらすらとよどみなく話す様子。
24 手のひら（裏）を返す　急にそれまでとはまったく違う態度をとること。
25 手をこまぬく（こまねく）　なにもしないで見ていること。傍観すること。
26 とりつくしまもない　頼りにしてすがる手がかりもない。また無愛想で話しかけられない。
27 二の足を踏む　しりごみすること。
28 寝耳に水　不意の知らせや出来事に驚くこと。
29 破竹の勢い　止めることができないほど盛んな勢い。
30 歯に衣着せぬ　言いにくいことを遠慮なくずけずけと言う。
31 腹を割る　本心を打ち明けること。
32 火の車　経済状態が非常に苦しいこと。
33 腑に落ちない　納得できない。わからない。
34 水を差す　うまくいっているところに邪魔をして不調にすること。
35 目がない　非常に好きなこと。
36 藪から棒　思いがけず突然な様子。

ことわざ

1 頭隠して尻隠さず　悪事や欠点の一部を隠しただけで全体を隠したつもりでいること。

2 石橋を叩いて渡る　用心の上にも用心を重ねて物事を行うこと。

3 井の中の蛙　井の中の蛙大海を知らずの略。見識が狭く、世間知らずなこと。

4 えびで鯛を釣る　わずかな元手で大きな利益を得ること。

5 帯に短し襷に長し　中途半端で役に立たないこと。

6 河童の川流れ　名人でも失敗することがある。猿も木から落ちる。弘法も筆の誤り。

7 転ばぬ先の杖　失敗しないように前もって十分に用意しておくべきだということ。

8 地獄で仏　苦しいときに予想外の助けに出会って喜ぶ。

9 釈迦に説法　その事をよく知っている人に教えることの愚かさのたとえ。

10 白羽の矢が立つ　大勢の中から特に選び出されること。

11 背に腹はかえられぬ　目の前の大事なことのためには他のことにはかまっていられない。

12 立つ鳥あとを濁さず　立ち去る者はその後始末をきちんとすべきだ。

13 竹馬の友　ともに竹馬で遊んだころからの友達。幼な友達。

14 灯台下暗し　身近なことはかえってわからない。

15 捕らぬ狸の皮算用　不確実なことをあてにしてあれこれ計画を立てること。

16 鳶が鷹を生む　平凡な親から優秀な子が生まれること。

17 情けは人の為ならず　人に情けをかければ、めぐりめぐって自分にもよい報いがある。

18 糠に釘　手応えも効き目もないこと。のれんに腕押し。

19 猫に小判　物の値打ちがわからない人に価値があるものをあげても無駄なこと。

20 猫をかぶる　本性を隠しておとなしそうにしていること。

21 根も葉もない　何の根拠もないこと。

22 能ある鷹は爪を隠す　優れた才能を持っている人はその能力をむやみにひけらかさない。

23 火に油を注ぐ　勢いの激しいものにさらに勢いを加えること。

24 瓢箪から駒が出る　瓢箪から駒（馬）が出ることから、ありえないことのたとえ。

25 馬子にも衣装　どんな人でも身なりを整えれば立派に見える。

26 身から出た錆　自分のした過ちが原因で自分が苦しむこと。

27 三つ子の魂百まで　幼いころの性質は年をとっても変わらない。

28 目から鱗が落ちる　あることがきっかけで急にそのことが理解できるようになること。

29 焼け石に水　少しばかりの努力や援助では何の効果もないこと。

30 弱り目に祟り目　不運の上に不運が重なること。

31 良薬は口に苦し　よく効く薬は苦くて飲みにくい。身のためになる忠言は聞きづらい。

32 類は友を呼ぶ　気の合う者や性質の似た者は自然に集まる。

故事成語

1 羹に懲りて膾を吹く　一度の失敗に懲りて必要以上の用心をすること。

2 石に漱ぎ流れに枕す　こじつけて言いのがれること。負け惜しみが強いこと。

3 温故知新　昔のことを研究してそこから新しい道理や意義を見いだすこと。

4 臥薪嘗胆　目的を達成するためあらゆる困難にたえること。

5 画竜点睛を欠く　物事を完成させるための最も大事な部分が欠けていること。

6 完璧　非の打ち所がないこと。完全無欠。

7 疑心暗鬼を生ず　疑いの心があると何でもないことまで怪しく見えてしまうこと。

8 杞憂　無用の心配。とりこし苦労。

9 漁夫の利　二者が争っている間に第三者が利益をそっくり横取りすること。

10 蛍雪の功　蛍の光や雪明かりで勉強する。苦労して勉学に励み成果を出すこと。

11 五十歩百歩　似たり寄ったりで大差がないこと。

12 塞翁が馬　人生の幸不幸は予測できないこと。

13 四面楚歌　周囲が皆敵ばかりで孤立していること。

14 柔よく剛を制す　温柔な者が剛強な者に勝つことができること。

15 推敲　詩や文章の字句、表現を何度も練り直すこと。

16 杜撰　間違いの多い書物。また物事がいいかげんな様子。

17 切磋琢磨　優れた集団の中で互いに刺激し合い学問や人間性の向上に励むこと。

18 他山の石　他人の失敗や愚かな言行も自分を磨く助けになること。

19 蛇足　余計な付け足し。

20 朝三暮四　口先で人をごまかすこと。目先の違いにとらわれて結果が同じことに気がつかないこと。

21 登竜門　立身出世の関門。

22 虎の威を借る狐　実力者の威勢を借りていばり散らす小人物のたとえ。

23 背水の陣　一歩も引くことはできない切羽詰まった立場で事にあたること。

24 馬脚を露す　隠していた本性や悪事がばれること。

25 破天荒　今まで誰も成しえなかったことを成し遂げること。

26 覆水盆に返らず　とりかえしがつかないこと。

27 矛盾　前後のつじつまが合わないこと。

28 孟母三遷　子供の教育やしつけには環境が大切だということ。

29 羊頭狗肉　見せかけだけが立派で実際の内容が伴っていないこと。

30 李下に冠を正さず　疑われるような行為はすべきでないこと。

31 臨機応変　その場の状況に応じて適切な処置をとること。

高校入試 ニガテをなんとかする問題集 国語

解答・解説

文節がニガテ
文節で分けられない

本冊➡9ページ

1 三（3）

2 五（5）

解説

1 「私は長谷川（はせがわ）コトミをふりかえる。」に「ね」や「よ」を入れて読んでみるとわかりやすい。

「私は（ね）／長谷川コトミを（ね）／ふりかえる。（よ）」

となるので、三つに分けられる。したがって、答えは三。

名前は姓と名の間で区切らないことがヒントとして書かれているが、二つ以上の言葉が合わさってできたものについても、分けることはしない。「ふりかえる」は「ふる」と「かえる」が合わさった言葉だが、「ふり（ね）／かえる」とはならないことに気をつける。

2 「そんな考えを持ったのは初めてではなかった」に「ね」や「よ」を入れて読んでみる。

「そんな（ね）／考えを（ね）／持ったのは（ね）／初めては（ね）／なかった（よ）」となり、五つに分けられる。

「では」だけでは意味が通じなくなるので、「初めて（ね）／では（ね）」としない。同様に、「だろう」や「でしょう」「そうだ」や「ようだ」だけで一文節として分ける誤りが多いので注意したい。

ポイント 「ね」や「よ」を入れて読んでみよう！

文節がニガテ

文の組み立てがわからない

本冊➡11ページ

1 言えない

2 言った

解説

1 「必ずしも必然とは言えない欲求に基づく」を文節に分けてみる。

必ずしも／必然とは／言えない／欲求に／基づく

次に「必ずしも」をそれぞれの文節につなげてみよう。

「必ずしも」の下には打ち消しの言葉（「～ない」）がくるから、これにあてはまるのは、「必ずしも―言えない」の組み合わせ。したがって、解答は「言えない」となる。

このように特定の言葉に対して、下に必ず決まった言葉がくるものはいくつかある。「たぶん～だろう」や「なぜ～か」などはその例だ。文節を直接つなげて読んでみることとともに、下に決まった言葉がくるタイプのものは、その言葉が含まれている文節に注目したい。

2 文節に分けて述語になる言葉を探し出す。主語「その人は」の動作や状態であるのは、最後の「言った」。「その人は―言った」の間に、「祖父が―植えた」や「人々が―楽しめる」のように〈主語―述語〉の関係になるものが複数はさまれているので、それらと間違えないようにしたい。

――線部以降の部分を文節に分けると以下のようになる。

その人は、／自分の／家の／前の／「マエヤマ」に／見える／桜の／木は、／自分の／祖父が／植えた／もので／あり、／今後／生まれて／くる／孫や／曾孫（ひまご）の／代の／人々が／自分の／植えた／満開の／山桜を／楽しめるように、／今の／うちに／桜の／苗木を／植えて／おくのだと／言った。

一文が長い場合は、間にはさまれている主語や述語に注意して、線を引くなどして主述の関係を正確につかめるようにするとよい。

ポイント 文節に分けてつなげてみよう！

文節がニガテ

文節の関係が…？

本冊➡13ページ

1 ウ
2 ウ

解説

1 「バランスと完成度をたたえている。」の「バランス」と「完成度」を入れ替えてみると、「完成度とバランスをたたえている。」となる。元の文と意味が変わらないので、**ウ**の並立（対等）の関係。

他の関係については左のとおり。

〈主語・述語〉「何（誰）が」「どうする（どんなだ／なんだ）」の関係。
〈修飾・被修飾〉上の言葉が下の言葉をくわしく示す関係。
〈補助〉　下の言葉が上の言葉（「〜て」）の意味を補う関係。

ポイント 前後を入れ替えても意味が通じれば並立。

2 「読んで」の「で」に注目。上の文節の最後が「て」や「で」になっている場合は、補助の関係の可能性がある。

「読んでいる」の場合は、「いる」がつくことで、「読む」行為が進行中であることを示しているので、「補助」の関係である。

念のために他の関係の可能性を考えてみると、

〈並立（対等）〉「読んで」と「いる」を入れ替えると「いる読んで」となり、意味が通じなくなるので、並立（対等）の関係ではない。

〈主語・述語〉主語・述語の関係は「〜が（は）……する（である／〇〇だ）」という形になるので、これもあてはまらない。

〈修飾・被修飾〉「読んでいる」は上の「読んで」が下の「いる」を修飾しているわけではないので、修飾・被修飾の関係も成り立たない。

※ただし、上の文節の最後が「て（で）」になっていても、補助の関係ではないときもあるので注意しよう。

補助の関係にならないものを次の例で確認しよう。

・あの　鳥は　大きくて　美しい。

「大きくて」と「美しい」を入れ替えて「美しくて大きい」としても意味はほとんど変わらないので、これは補助の関係ではなく、並立（対等）の関係。

ポイント 「て（で）」があったら補助の関係を考えてみよう！

活用がニガテ

動詞の「〜形」が区別できない

本冊➡15ページ

1 ① **ア** ② **ア**

2 **エ**

3 **ア**・仮定形

解説

1 動詞の「〜形」を見分ける問題なので、――線部の下にある言葉に着目する。

①は、――線部の下に「ない」があるので、未然形だとわかる。

②は、――線部の下に「よう」があるので、未然形だとわかる。

ポイント ――線部の下にある言葉に着目しよう！

2 動詞の「〜形」を見分ける問題だが、五つもの語の活用形を正しく見分けなければならないので、**1**よりやや難度が高いといえる。――線部の下の言葉に印をつけるなどして、ミスのないように解こう。

問いの――線部は、下に「たい」があるので、連用形だとわかる。「内容だます言葉！」の公式には入っていないが、よく出るものは覚えておこう。

アは、――線部の下に「。」があるので、終止形だとわかる。

これも「内容だます言葉！」の公式には入っていないが、「『だます』と『言葉』の間には、本当は『。』がある」と覚えておくとよい。

イは、――線部の下に「ば」があるので、仮定形だとわかる。

ウは、――線部の下に「ない」があるので、未然形だとわかる。

エは、――線部の下に「た」があるので、連用形だとわかる。

したがって、正解は**エ**。

3

ポイント 「内容だます言葉！」以外にも、よく出るものは覚えておこう。

動詞の「〜形」を見分ける問題。一つだけ活用形が異なるものを選ぶ問題だが、解き方は同じである。

アは、――線部の下に「ば」があるので、仮定形だとわかる。

イは、――線部の下に「て」があるので、連用形だとわかる。「内容だます言葉！」の公式には含まれていないので、覚えておこう。

ウは、――線部の下に「、」があるので、連用形だとわかる。

これも、覚えておく必要がある。

エは、――線部の下に「た」があるので、連用形だとわかる。

したがって、正解は**ア**。

活用がニガテ

動詞の「〜活用」がニガテ

本冊➡17ページ

1 **エ**

2 **イ**

解説

1 「売る」の活用形は、次のようになる。

未然形	連用形	終止形	連体形	仮定形	命令形
売ら	売り 売ろ	売る	売る	売れ	売れ

「売る」の「る」の部分が「ら―り―る―れ―ろ」と活用しているので、五段活用。

簡単な見分け方として、「ない」をつけるという方法がある。たとえば、この「売る」のように、五段活用の未然形のときには「売らない」となり、活用部分がア段になる。

他の活用の種類では

上一段活用……活用部分がイ段 **例** 着る→着ない

下一段活用……活用部分がエ段 **例** 受ける→受けない

カ行変格活用…「来る」のみ

サ行変格活用…「する（〇〇する）」のみ

ポイント 「する」は「ない」をつけると「しない」になる。イ段で上一段活用、と早合点しないように！

2 選択肢を見ていくと、

ア 触れ…基本形は「触れる」。「ない」をつけると、「触れない」となり、活用部分がエ段だから下一段活用。

イ 繁栄する…「〇〇する」の形の動詞なので、「する」と同じサ行変格活用。

ウ 見れ…基本形は「見る」。「ない」をつけると、「見ない」となり、活用部分がイ段だから上一段活用。

エ やろ…基本形は「やる」。「ない」をつけると、「やらない」となり、活用部分がア段だから五段活用。

したがって、**エ**が答えとなる。

2 「抑えろ」は、「ない」をつけて未然形を見ると「抑えない」となる。活用部分がエ段なので、下一段活用。

選択肢の動詞部分を見ていくと、次のとおり。

ア 「咲く」は「ない」をつけると、「咲かない」。活用部分が「か」でア段なので五段活用。

イ 「答える」は「答えない」となり、エ段なので下一段活用。

ウ 「来る」だからカ行変格活用。

エ 「する」なのでサ行変格活用。

したがって「抑えろ」と同じ下一段活用の**イ**「答える」が正解となる。

識別がニガテ

「ない」を見分けるのが困る…

本冊➡19ページ

1 エ

2 イ

解説

1 文中の「ない」は、「いる」の打ち消しで、「ぬ」に置き換えられるので打ち消しの助動詞。

ポイント 「ない」を「ぬ」に置き換えられたら打ち消しの助動詞！

なお、**ア**は「～は／ない」と、「ない」の直前で切ることができるので、形容詞である。

ポイント 「ない」の直前で切ることができたら形容詞！

イと**ウ**は「ない」の前で単語に切ることができない。**イ**は形容詞「危ない」の一部。**ウ**は形容詞「あどけない」の一部。**エ**は「できる」の打ち消しで、「ぬ」に置き換えられるので打ち消しの助動詞。

2 文中の「ない」は、打ち消しの意味で「～は／ない」と「ない」の前で文節に切れ、補助の文節になるので形式形容詞。

アは「解ける」の打ち消しで、「ぬ」に置き換えられるので打ち消しの助動詞。**イ**は打ち消しの意味で「～（は）／ない」と「ない」の前で文節に切れ、補助の文節になるので形式形容詞。**ウ**は「少ない」なので形容詞の一部。**エ**は「忘れられる」の打ち消しで、「ぬ」に置き換えられるので打ち消しの助動詞。**オ**は「～は／全く／ない」なので形容詞。「全く」は「ない」を強めている語なので、のぞいて考えるとわかりやすい。「疲れはある」と言い換えることができる。

ポイント 打ち消しで補助の文節なら形式形容詞！

識別がニガテ

「れる」「られる」がニガテ

本冊➡21ページ

1 ア

2 オ

解説

1 文中の「られる」は、「(私が)先生からほめられる」ということなので受け身。

アは「山々が―夕日に染められる」なので受け身。**イ**は「食べることができる」という意味になるので可能。**ウ**は「案じられる」とあるので自発。**エ**は「先生」の動作なので尊敬。

ポイント 「れる」「られる」は受け身・可能・尊敬・自発！

2 文中の「られる」は、「あげることができる」という意味になるので可能。**ア**は「(私が)人に―覚えられる」ということなので受け身。**イ**は「先生」の動作なので尊敬。**ウ**は「感じられる」とあるので自発。**エ**は「(私が)兄に助けられる」ということなので受け身。**オ**は「答えることができる」という意味になるので可能。

したがって、正解は**オ**。

識別がニガテ
「ようだ」や「ような」の意味の違いは？

本冊➡23ページ

1 ア
2 エ
3 イ・ク

解説

1 文中の「ような」は、「(たとえば) 石油や鉄鉱石のような天然資源」となるので例示。また、「石油や鉄鉱石」＝「天然資源」であることからも判断できる。

アは「(たとえば) 東京のような大都市」となるので例示。「東京」＝「大都市」である。**イ**は「(まるで) 勝ったようなものだ」となるので比喩。まだ本当に勝ったのではない。**ウ**は「(まるで) 電気のようなもの」となるので比喩。本当に電気が走ったのではない。**エ**は「(どうやら) 来ないような気がする」となるので推定。

ポイント 「たとえば」「まるで」「どうやら」で見分ける！

2 文中の「ようだ」は「(どうやら) すばらしい景観であるようだ」となるので推定。

アは「(どうやら)すいているようだ」となるので推定。**イ**は「(どうやら) 二階にあるようだ」となるので推定。**ウ**は「(どうやら) 行われないようだ」となるので推定。**エ**は、「まるで夏のようだ」とあるので比喩。推定の意味を添える言葉 (助動詞) には、他に「らしい」がある。

3 文中の「ように」の直前の部分「あたかも淡彩による一幅の絵の」に着目する。「あたかも」は「まるで」と同じような意味なので、「自然の姿」を「一幅の絵」にたとえた比喩であることがわかる。

Ⅰ群 **イ**は「まるで宝石のように」とあるので比喩。よって**イ**が正解。**ア**は、望む内容を指示している。「勝てますように (願います)」という意味。**ウ**は「(どうやら) 雨が降るように思う」となるので推定。**エ**は、「遅れない」が「余裕をもって出発した」という行為の目的であることを表している。「～ために」と言い換えられる。

文中の「ように」は、「ようだ」の連用形。活用のある付属語で品詞は助動詞である。

Ⅱ群 **カ**の副詞は、活用のない自立語「とても」「まるで」など。**キ**の助詞は、活用のない付属語「に」「から」など。**ケ**の形容動詞は、活用のある自立語「静かだ」「きれいだ」など。

敬語がニガテ

正しい敬語を選べない

本冊 ➡ 25ページ

1 ウ

2 ア

解説

1 先生からプリントをもらうという生徒の動作があてはまる。先生に対して自分の動作を低める必要があるので、謙譲語を用いるのが正しい。

そこで選択肢を見ると、**ウ**の「いただけますか」は先生に対する生徒の動作として謙譲語になっているので適切。よって**ウ**が正解。**ア**の「くれますか」は敬語ではないので不適切。**イ**の「もらえますか」も敬語ではないので不適切。**エ**の「うけたまわれますか」の「うけたまわる」は「聞く」「引き受ける」などの意味の謙譲語なので不適切。

ポイント 主語に注目する。相手→尊敬語・自分→謙譲語！

2 問題文は中学生の「小林さん」と博物館の「職員」との会話文である。——線部**ア**～**エ**の動作をする人が誰なのかに着目し、適切な敬語を選ぶ。

アは「小林さん」の動作なので謙譲語を用いるべき。「うかがいました」は「来ました」という意味の謙譲語なので適切。**イ**も「小林さん」の動作だが、「お撮りになって」は尊敬語なので不適切。**ウ**も「小林さん」の動作だが、「質問なさる」は尊敬語なので不適切。**エ**は「小林さん」が相手の方の動作として言っているので尊敬語を用いるべき。「存じ上げている」は「知っている」という意味の謙譲語なので不適切である。

敬語がニガテ
敬語を正しく書けない

本冊➡27ページ

1 うかがいます（お聞きします）

2 うかがいました（お聞きしました）

解説

1 問題の会話文は、学校でのコンサートに訪れたピアニストの佐藤さんに、放送委員のAさんがインタビューしたときのものであることをおさえる。

——線部「聞きます」は、「Aさん」が「佐藤さん」に対して行う動作だから、謙譲語を用いるべきである。この場合の「聞く」（たずねる・質問する）の謙譲語は「うかがう」であるから「うかがいます」となる。この他、謙譲語にする方法として「お～する」があり、これにあてはめて、「お聞きします」としてもよいが、「うかがう」のような敬語動詞を覚えておくことが大切である。

ポイント よく出る敬語動詞を覚えておこう！

2 ——線部は、中学生の川上さんが、「町の図書館に勤務されている前田さん」に対して行う動作だから謙譲語を用いるべきである。1と同様に、謙譲語の「うかがう」を用いて「うかがいました」とするか、「お聞きしました」とする。

「聞く」の謙譲語として「聞かせていただく」を使う人もいるが、適切な敬語とは言えないので注意すること。

説明的文章がニガテ
接続語がわからない

本冊➡29ページ

1 ア
2 エ
3 ウ　・例逆接（「逆」など同趣旨可）

解説

1　まずは**A**の前後の内容を確認する。**A**の前は、「タイムマシンに乗る必要はない、普通に暮らしていても二十年後の未来に行けるのだから」という内容。あとでは、「タイムマシンに乗ると昼夜が逆転するなどして、時間の感覚が狂う」と書かれている。つまり**A**の前ではタイムマシンに乗っても普通の暮らしと同じと言っているのに対し、あとではタイムマシンの中は普通の暮らしとは違う、と逆のことを言っている。このように前後で逆の内容が書かれている場合には、逆接の接続詞が入る。選択肢を見ると、逆接の接続詞が使われているのは、**ア**「けれども」と**エ**「しかし」。

次に**B**の前後の内容を確認する。**B**の前では「タイムマシンに乗っていると時間の感覚が狂う」とタイムマシンの特徴が書かれている。**B**のあとでは「自分の過去をじっくり回想することもできるので、過去へ旅するのも容易だ」と、こちらもやはりタイムマシンの特徴が書かれているので、**B**の前後は対等の関係とわかる。したがって**B**には並列（並立）の接続詞が入る。並列の接続詞は**ア**の「また」だから、答えは**ア**となる。

2　**A**が含まれる段落の最初に「例えば」とあることからもわかるように、この段落では例を挙げて説明している。

Aの前では「枯山水（かれさんすい）」、あとでは「落語」が例として取り上げられている。したがって、**A**の前後は対等の関係なので、並列（並立）の接続詞が入る。

Bの前後は、前の「きんとんは金色」の「金色」を、あとの「財の見立て（である）」で説明していることから、**B**には補足したり、要約したりするときに使う言い換えの接続詞（すなわち、つまり、など）が入る。

したがって、**A**「また」**B**「すなわち」の**エ**が答え。

3　[　]の前では街角の樹木は伸びてくると電線などに引っかかる恐れがあるため、ほとんどの場合切り落とされる、と書かれているのに対し、あとでは（木を切るのではなく）電線を移動させることも可能だ、と逆の内容のことが述べられている。このように逆の内容をつなぐのは逆接の接続詞なので、**ウ**の「しかし」が[　]に入る。したがって、（　）には「逆接」または「逆」といった言葉が入る。

ポイント　並列（並立）の接続詞には、「また」「および」などがある。

説明的文章がニガテ
「これ」「それ」は何を指しているの？

本冊➡33ページ

1 古典の短歌
2 イ
3 例 ニワトリが偶然カメラに映りこんでいたこと。

解説

1 こう考える➡にあるように

古典の短歌は古めかしく見えても、（　　）に詠まれた心情は、今に通じるものがある……

の（　　）にあてはまる言葉を直前の部分から探してみる。あとに「詠まれた心情」とあることから、「短歌」と「古典の短歌」が考えられるが、「今に通じるものがある」から、「古典の短歌」が答えとわかる。

2 「そのことと作品の心をわかることとは違う」とあるように、「作品の心をわかること」と比較されているのが「そのこと」の内容。それを「そのこと」の前の文章から探してみる。

直前の文「写真のようにリアルに描けている、というだけで安心してしまうことは、人間にとってきわめて当たり前の心のありようである。」の部分が「そのこと」の指している内容だが、段落全体を見て、「安心してしまう」が「『真実の姿』と思い違えている」「〈真〉を描いた写実的な表現だと勘違いしてしまう」を言い換えている、ということにも気づきたい。以上をまとめているものを選択肢の中から探すと、**イ**の「写真のようにリアルに描かれた作品を見て、真の姿を捉えたものだと思い込むこと。」が解答とわかる。

3 監視員たちは何に気づいていなかったのか、を直前の文章から探す。

「……いぶかしんだ監視員が注意深く映画を見なおすと、途中で、一瞬、画面の下をニワトリが横切る場面が見つかった。撮影現場のそばにいたニワトリが偶然カメラに映りこんでいたのだった。」とあり、監視員が映画に映りこんでいたニワトリに気づいていなかったことがわかる。あとに「しかし、村人たちにとって、この映画でもっとも印象に残ったのが、このニワトリだった。」とあることもヒントになる。解答する場合には「〜こと。」という形にすることも忘れないように。

ポイント 指示語が指している内容は、直前の文章の中から探す！

説明的文章がニガテ

空欄に言葉をあてはめられない

本冊➡37ページ

1 「手持ち」のエネルギー

2 ア 楽しむ　イ 楽をする

3 言葉によって現実をよくしていこうという感覚

解説

1 [　]の前後の言葉とよく似た言葉を文章中から探す。「新しい鉱脈の発見よりも～」に似ているのは第一段落の「新しい鉱脈を掘り当てることなく」、「依存」に似ているのは、同じく第一段落の「頼ろう」という表現。そこで、第一段落で「エネルギーを節約して[　]のみに依存しようとする」と同じような表現を探すと、四行目に「『手持ち』のエネルギーだけに頼ろうとする」がある。

　したがって、[　]に入る十一字の言葉は「『手持ち』のエネルギー」となる。

2 筆者は工作を何のためにするものと考えているか、また、それが現代では何のためにするものとなっているか、文章中から探してみよう。

　まずは、こう考える➡にあるように、「～ためにする」という言葉を探すと、第三段落に「しかし、そもそも工作というのは、楽をするために行うものだろうか?」「工作は、楽しむためにする行為なのである。」が見つかる。あとの「工作は、楽しむためにする行為なのである。」が筆者の主張なので、説明文の空欄にあてはまるように五字以内で言葉を抜き出すと、

・本来、工作は ア[楽しむ] ためにするものであるのに、イ[楽をする] ためにするものになっていること。

となる。

3 チャレンジ にあるように、「アイディアを出す」「生み出す」「議論の場が活性化する」といった[　]の前後にある言葉と似た言葉を文章中から探す。第五段落の「まず、アイディアを出して」「どんどん違うアイディアを出して」や、最終段落の「生まれてくる」という言葉に注目。「議論の場が活性化する」に似た言葉は文章中にないが、どういう状態をそのように表現しているのかを考えてみよう。最終段落の「相手が話していて、それを聞いてその刺激を受けながら、自分も考えるようになり、思考が進みやすい状態」が、「議論の場が活性化する」状態である。

　したがって、第五段落と最終段落から[　]にあてはまる言葉を探すと、「言葉によって現実をよくしていこうという感覚」がそれに相当するとわかる。

ポイント 空欄の前後に注目して、似た言葉や表現を探そう！

説明的文章がニガテ

理由を答える問題ってどう答えるの？

本冊➡41ページ

1 イ

2 エ

3 例 集中することが困難だ（十字）

解説

1 ――線部の理由が問われているので、――線部の近くから、「〜から」「〜ので」「〜ため」を探す。すると、――線部の一〜二行あと「地球が大きな球であることはわかりきったことなのだから」と、四〜五行あと「視覚的にとらえられ〜存在しているから」を見つけることができる。――線部の九〜十二行あと「地球は球であると〜発生するので」もあるが、より近いところに二つもあるのだから、ここでは気にしなくてもよいだろう。

さて、――線部の近くにある二つのうち、どちらがより――線部の理由としてふさわしいかを考えると、一つめの「地球が大きな球であることはわかりきったことなのだから」では、その理由にはならないことがわかる。一方、「視覚的にとらえられ〜存在しているから」であれば、――線部の理由としてふさわしい。これに内容的に合致している選択肢はイである。

2 ――線部を受けて、「決断する際に不安を感じる」理由が問われている。そこで、――線部の近くから「〜から」「〜ので」「〜ため」を探すと、一〜六行あとに「というのも〜含まれているからだ」とあるのが見つかる。本文中に「〜から」「〜ので」「〜ため」はここだけなので、この部分が解答になるとわかる。

そこで、「というのも〜含まれているからだ」で説明されていることの意味を考える。この部分では、まず「個人の自由」といった理念は、具体的に実現されることはあり得ないと書かれている。この時点で、アとイは「自由が無制限に拡大していく」が合致しないので、不可。さらに本文を読み進めると、「個人主義」が浸透しても、人間は「相互に影響を及ぼし合う」と書かれている。ウ「地域社会への貢献を重視して」はここに合致しないが、エ「他者との関係を意識して」は合致するので、正解はエとなる。

3 ――線部の理由が問われているので、――線部の近くから「〜から」「〜ので」「〜ため」を探す。すると、――線部の二〜三行前「なにしろ、そのとき、その映画はわたしだけのもの、だからです」を見つけることができる。

さらに――線部の前後を読むと、「このような便利さの条件のもとでは、作品に集中することは、ずっと困難」だと書かれているのが見つかる。したがって「集中することが困難だ」などが解答となる。

ポイント 「〜から」「〜ので」「〜ため」を探そう！

説明的文章がニガテ

筆者の主張って何？

本冊➡45ページ

1 「生存ということ自体」の新鮮な驚き（十七字）

2 ウ

解説

1 ――線部「『肯定感情』を自身の病気による手術の体験に重ねて述べている」とあるので、太田省吾の病気の体験が書かれている最終段落から探す。「どのようなもの」と述べているのは最終文「もちろん、この『肯定感』は意味や価値によるものではなく、ただ『生存ということ自体』の新鮮な驚きなのだ。」だが、「〜もの」という表現があるからといって、「この『肯定感』は意味や価値によるもの」の部分から抜き出さないように。すぐ下に「〜ではなく」と否定の表現がある。したがって、答えはそのあとの「『生存ということ自体』の新鮮な驚き」となる。

2 第一段落で「現在の日本ブーム」について「日本風が見事に形づくる伝統とモダンの調和が、諸国で注目されるようになっている」と述べられている。また、その「日本ブーム」についての筆者の意見が最終段落でまとめられている。その最終段落の中の「そうした自然な生命への聖なる感性」と「日本的な感性」に注目する。「そうした〜感性」は、前の段落の、「神が降臨する樹木、あるいは魂が宿る植物という、自然な生命への聖なる感性」を指している。また、「神が降臨する樹木、あるいは魂が宿る植物」という考え方については、さらに前の段落で「自然の細かな隅々にまで神が宿るという、微細な領域へ分け入っていこうとする精神性、小さな存在をいつくしむ精神性」という表現がされている。したがって、最終段落を含む三段落をまとめたものに最も近いものを選択肢から選ぶ。

ウが最終段落を含む三段落の内容をまとめているので、正解。

アについては、文章中に「人間の意志によって自然環境に働きかけているのでもないという思想」とあることから、「人間が自然に積極的に働きかける」が不適切。

イについては、「自然からの働きかけを受けて文明の急激な発展を制御」が、文章中の「近年では、この二つの正反対の主張をぶつけ合うのではなく、両立させていこうとする傾向」といった内容と逆。

エの「新たな技術を開発することで自然環境問題を克服」という内容は文章中に見られない。

ポイント 筆者の主張をとらえるには、終わりのほうの段落を読もう！

説明的文章がニガテ

文章中に文を戻す問題がニガテ

本冊➡49ページ

1 〔ウ〕

2 〔ウ〕

解説

1 「逆に言えば」とあるのがヒント。続けて「すぐれたことばの姿をとおしてしか、すぐれた内容というものの存在を知ることはできない」とあるので、直前にこれと逆の言い方がされている部分があると推測できる。「すぐれたことば」「すぐれた内容」をキーワードとして考える。同じような言葉として文章中に「いい内容」・「いい表現」がある。「すぐれた内容」は「いい内容」であり、「すぐれたことば」は「いい表現」を言い換えたものである。

これらを使って問いの一文と逆の言い方をしている部分を探すと、〔ウ〕の直前に「いい内容がいい表現の形で実現し、いい文章になる。」とある。これは「逆に言えば」のあとに続く部分と逆の言い方になっているので、この直後に文を入れてみて確認すると、「いい内容がいい表現の形で実現し、いい文章になる。逆に言えば、すぐれたことばの姿をとおしてしか、すぐれた内容というものの存在を知ることはできないのである。」となり、うまく前後がつながる。

2 「この問題」という指示語があることに注目する。どの問題を指しているのか考えてみよう。

まず「問題」が書かれている部分を探す。そうすると、〔ウ〕の前だけが「『わかる』というのはどういうことなのか。」と問題を示す形で終わっている。ここに「たぶん心理学者のいう共感という考え方が、この問題を考える場合、有力な手がかりのひとつになる。」という文を入れてみて、うまく続くかどうか確認する。

そうすると、直後に「たとえば、お医者さんと患者との関係を考えてみよう。～」の段落がくることになる。「たとえば」とあるので、何かの例を挙げていることがわかる。ここでは患者の「痛い」ということばを聞いて医師が患者の痛みを想像する、という内容のことが書かれている。二段落後に「ひとりの人間の内部に発生している状態ときわめてよく似た状態がもうひとりの人間の内部に生ずる過程、それが共感である。」とあることからも、この「たとえば、～」の段落とそれに続く段落が「共感」の例を挙げているということがわかる。したがって、問いの一文を〔ウ〕に入れると、うまく前後がつながると判断できる。

ポイント 文章中に文を戻す問題では、接続語や指示語、よく出てくる言葉に注意しよう！

文学的文章がニガテ

登場人物の気持ちを勘で解いてしまう

本冊➡53ページ

1 ア

2 ア

解説

1 「私」の気持ちが書かれている部分に注目しよう。——線部のあとに「だって、私が夢にまで見たことのいくつもが、現実に目の前にあるのだ。私はちょっとでも気を抜いたら、うらやましくてうらやましくて、そっくりそのまま理佳子（りかこ）と入れ替わってしまいたいという欲求にのみ込まれそうだった。」とある。

「私」はバレエの練習ができる理佳子の家で「天井から吊（つ）り下げられたポールには、理佳子が今まで踊った演目の色とりどりの衣裳（いしょう）が並べてかけられている」のを見て、理佳子をうらやましいと感じているのである。この気持ちを説明しているのは**ア**の「存分にバレエにうちこめる理佳子の環境に憧れを感じている」。**イ**は「演目のあまりの多さに圧倒」、**ウ**は「反感」、**エ**は「理佳子をバレエに向かわせたい」が説明としてふさわしくない。

2 ——線部「頭掻（か）きむしりたくなる」気分になったのはなぜなのかを考えよう。直前の文章中に書かれている葵（あおい）の気持ちに注目する。

「思わずドキドキしながら真白（ましろ）ちゃんの顔を見つめる。これってもしかして、ほめられてるんかな。人にはマネできない武器っていうのはおれのジャンプのことで、素敵なのもおれのことやんな？　いや『素敵じゃない』んだから素敵ではないってこと？　いやいや、『素敵じゃない？』って語尾上がってたから反語になってて……あぁ～わけがわからなくなって」から、葵が真白ちゃんの気持ちがわからなくて混乱していることが読み取れる。また、真白ちゃんに対しては、「いかんいかん、ちゃんと引き締まった顔で応対しないと。」や「ちょっと乱れてた前髪をかき上げながら、まじめな口調で言ってみた。今の感じけっこう大人っぽかったんとちゃう？」から、大人っぽく冷静な印象を与えたいと思っていることがわかる。

したがってこれらから判断して、**ア**の「なんとか冷静に振る舞おうとしているが、心の中では真白の本心が理解できずに混乱している。」が答えとしてふさわしい。**イ**は「真白にがっかりしている」、**ウ**は「真白に不愉快さを感じている」、**エ**は「悲しくなっている」、**オ**は「真白に腹を立てている」が本文中に書かれていない。

ポイント 登場人物の気持ちが書かれている部分に注意して読もう！

文学的文章がニガテ

作者の言いたいことのコツ

本冊➡57ページ

1 **イ**

2 例 現在のくやしさに区切りをつけ、いつか今までの努力が無駄ではなかったと思えるように、前向きに頑張っていこうという決意。（五十八字）

解説

1 作者の言いたいことという文言は設問中には見られないが、文章の最後に出てくる――線部であるということと、また、主人公である「勇」の心の様子が描かれていることから、作者の言いたいことについての問題なのだろうと判断しよう。

すると、**ア・ウ・エ**は勇の心の成長を説明しているわけではないので、**イ**が正解である可能性が高いと予想することができる。

そこで本文を確認してみると、旅に出たことで、勇は「今まで知りようもなかった人々」と出会うことができたということがわかる。しかし、出会いながらも、勇は他人に侵されることのない「自分の胸の内にある心棒を太く強く育てることの必要」を感じた。そして勇にとって、それは、剣道によって得られる「緊張感」や「透明な孤立感」なのだということに気づいた。

つまり、勇のここでの「心の成長」は、「自分の胸の内にある心棒」はどのようなものかということに気づいたということなのである。よって解答は**イ**となる。

2 亜樹の心情が問われている問題だが、作者の言いたいことは、登場人物の心情やものの見方を通して表現されることが多いということをここでは覚えておくとよい。

亜樹は、引退試合で「卓球のおもしろさをまったく味わえなかった」ことがくやしく、体育館でやりきれない思いを抱いて立っていた。そこに、幼なじみの佐々木が現れる。佐々木は、レギュラーになれず、試合にも勝てなかったが「ここですごした時間は無駄じゃないよな。」「レギュラーになれなくても、勝てなくても、いいんだよな？」と弱々しい声で話をする。これに対し、亜樹は「これから、無駄じゃなかったって、思えるようにするの！」「いつかそう思えるようにするの！」と返す。

今の亜樹には、本当に「無駄じゃなかった」と思える日が来るかどうかはわからず、今はただくやしさがあるだけである。しかし、佐々木との会話を通して、亜樹は「いつか、ここでプレイしたことは無駄じゃなかったって心の底から思いたい」と、心を成長させることができたのである。これが亜樹の様子と、体育館のとびらの轟音によって表現されているのが、――線部である。

ポイント 主人公がどのようなことを通して、どのような心の成長をしているのかを、本文中から読み取ろう。

文学的文章がニガテ

たとえ表現を探すのに苦労してしまう

本冊➡61ページ

1 小悪魔ども

2 魔法

3 （最初）ゆきの　（最後）んだ。

解説

1 「少年たち」をたとえた表現を見つけるために、彼らの行動や印象が書かれているところに注目したい。まず、「少年たち」は「私」のところに鮒（ふな）を持ってきて売りつけようとしている。その少年たちに「まとめて売れば安くなるが、一尾ずつなら安い値踏みはできない、という狙（ねら）い」があると「私」は考えており、そういった彼らの狙いを「奸悪（かんあく）な計略」と表現している。また売りつけられる自分について「自分が罠（わな）に落ち、縛りあげられた」と感じている。それらから判断して、「少年たち」を「私」の側から見てたとえている言葉を探す。

「まるで」や「ような」という表現は本文中にはないが、「まるで〇〇〇〇〇のような少年たち」という形にして「〇〇〇〇〇」にあてはまる五字の言葉を本文中から探すと、最後の段落に「もはや小悪魔どもが私を放さないだろう、と想像されるにちがいない。」とある。この「小悪魔ども」を「〇〇〇〇〇」にあてはめると、「まるで小悪魔どものような少年たち」となる。

2 「まるで〇〇のようなもの」という形にしたときに〇〇にあてはまる二字の言葉を第②段落中から探す。

たとえとして使われている言葉は「（音の）うず」と「魔法」である。問いに「合唱をする中で、一人一人の声が奇跡的に合わさる瞬間をもたらすもの」とあるので、正解は「声が合わさった」状態をたとえている「うず」ではなく、「魔法」である。

3 「神経がすり減っていく」とは、直後の会話文からもわかるように「緊張」している状態である。したがって、それと対照的な緊張がゆるんでいく様子を、比喩を使って表している一文を探せばよい。

「春の風がふんわりと吹き込んだ。」という表現は「まるで春の風がふんわりと吹き込んだような気がした。」と言い換えられるので、この部分を含めた「ゆきの～んだ。」の一文が正解となる。

ポイント　たとえの表現は「まるで」や「ような」を探す。ない場合は、「まるで〇〇〇のような」という形にできそうな部分を探そう！

文学的文章がニガテ

記述問題は、いつも捨てちゃう

本冊➡65ページ

1 例 美月には、自分は恵美菜と別れることが悲しくつらかったのに、恵美菜は自分がいなくなってもさびしくないのだと思えたから。（五十八字）

2 例 自分たちの力でテニス部の問題をうまく解決できたことに満足し、誇らしく思う気持ち。（四十字）

解説

1 どういう状況、どんな理由で、登場人物がそのように思ったのかが、描かれている部分を探す。

状況……「引越し、そして転校が決まったとき、恵美菜と別れなければならな」くなった。

理由……「あたし」は「悲しくて、つらくて、さびしくて、心細かった。しかし、「いっしょに悲しんでくれる、『行かないで』と泣いてくれると信じていた」恵美菜は、「笑いながら、『もう中学生だもんね。それぞれ、新しい学校でガンバレってことなのかもね。うん、そうだよ。美月。おたがいガンバローだ』なんて、言った」ので、恵美菜は「あたしがいなくなっても、さびしくないんだ。」と思った。

自分と同じように別れを悲しんでくれると思っていた恵美菜が、笑って自分をはげましたので、美月は「恵美菜が急に遠ざかった」ように感じたのである。「恵美菜と別れなければならない」「悲しくてつらくてさびしい」「恵美菜は自分がいなくてもさびしくないのだ（と思った）」という点をおさえて五十五字以上六十五字以内にまとめる。

2 まず、どういう状況かをおさえる。練習態度のよくない末永一人をコート整備の係にしたことで、テニス部の一年生たちの間にわだかまりが生じたのである。

次に、「ぼく」にとってVサインがどういうものかが描かれているところを探す。「父は試合で会心のショットを決めると、応援しているぼくたちに向かってポーズをとった。ぼくや母も、同じポーズで父にこたえた。」とある。「ぼく」にとって「Vサイン」は「会心のショットを決め」たようなとき、ここでは他の助けを借りずに「会心のショットを決め」たという思いがあったことがわかる。したがって、テニス部で起こった問題を自分たちの力で解決できたこと、そのことに満足して誇らしく思っていること、の二点を四十字以内にまとめる。

ポイント どういう状況、どんな理由で登場人物がそう思ったのかをまずおさえよう！

古文が読めない
歴史的仮名遣いがニガテ

本冊➡69ページ

1 にわかにさむくさえなりぬ

2 ① すえおきて ② いいて

3 ほうべん

解説

1 ――線部「にはかにさむくさへなりぬ」を前の部分を含めて解釈すると、「（日が暮れて、山からの風が強く吹き、）急に寒くもなった」となる。「にわかに」や「さえ」の語は現代でも使われるので、古文の意味を解釈しながら現代語に置き換えてみるとわかる場合が多い。

歴史的仮名遣いで書かれた語頭以外の「は・ひ・ふ・へ・ほ」は「わ・い・う・え・お」と読む。ここでは、「は」を「わ」、「へ」を「え」と直せばよい。

また、現代仮名遣いに直す問題を、現代語訳とまちがえて意味を書かないように注意すること。

ポイント 現代仮名遣いは、原則読み方どおりに書く！

現代語訳 この日は、とてものどかだったが、日が暮れると、山からの風が強く吹いて、急に寒くもなった。「雪が降りそうだ。」と思っていると、宿の主人もそのように言う。

2 ――線①「すゑおきて」は、「据え置いて」（配備して）という意味である。

――線②「いひて」は、「言って」（口に出して）という意味である。「ひ」を「い」に直せばよい。

現代語訳 人の口は、全ての善悪が出入りする門である。だから、良い番人を置いておいて、出入りするものたちをよくお調べになった方がよい。その理由は、言ってはいけない人のうわさ話をおもしろがって笑ったり、作りごとなどを言うと、身を危険にさらすからだ。

3 ――線部「はうべん」は、「方便」（上手な手段）という意味で、現代でも「うそもほうべん」ということわざなどに使われている。読み方は「ホーベン」であるから「ほうべん」と直せばよい。長音（のばす音）の表記は、「ー」はふつう擬態語や外来語を片仮名で書くときにしか用いない。たとえば「オー」とのばす場合には「おう」と書く場合と「おお」と書く場合があるので注意が必要である。

ポイント 長音は、現代仮名遣いの表記にも注意！

現代語訳 他人の、不道徳な心からおこした間違いなどを、率直に、顔に出して、断罪するべきではない。上手な手段を使って、相手が腹を立てないように話すべきである。

話がわからない

誰の動作かわからない

本冊➡71ページ

1 イ　2 ウ

解説

1 ——線部「興じたまふ」は「おもしろがっておられる」という意味。この段落に書かれている動作のうち、主語のない動作の主は、同じ人物すなわち、この話の主人公である「姫君」である。古文では、話の主人公や語り手本人の動作の場合、主語が書かれていないか、もしくは、はじめに一度書かれているだけの場合が多いので、一部分しか読まないと誰の動作かわかりにくくなることがあるので要注意。

ポイント 同じ人物の動作は「て」「で」で連なっていることが多い！

現代語訳 按察使の大納言のご令嬢は、奥ゆかしく並々ならぬ様子にしたてて、親たちが大切にお育てになっていらっしゃることはこのうえもない。この姫君がおっしゃることに、「人々が、花よ蝶よともてはやすことは、あさはかで訳のわからぬことだ。人は、誠実さがあって、ものの本当の姿を求めることこそ、心のもち方が美しいというものです。」と、あらゆる虫で、気味悪いのを取り集めて、「これが、成長する様子を見よう。」と、いろいろな虫かごに入れさせなさる。中でも「毛虫の、考え深そうな様子は奥ゆかしいものだ。」と、一日中、髪を耳にはさんで、手のひらの上でかわいがり、見守っておられる。

侍女たちはこわがって手が出せないので、男の子で、物怖じしないとるにたりないものたちを召し寄せて、箱の虫を取り出させて、名前を問い聞き、（誰も名前も知らない）新しいものには名前を付けて、おもしろがっておられる。

2 **ア**「もとめぬ」の主語は、直前の「たどりつきて」と同じで、この話の語り手である。**イ**「徘徊しけるに」は直前に「予も」（私も）とあるのでこれも語り手。**ウ**は「此のをのこ（男）昼の暑さをいとひて（嫌がって）」とあるので主語は「をのこ」。**エ**は、その「をのこ」に、「やがて立ちよりて（すぐに近づいて）、名は何といふぞと問へば」とあるのでこれは、話の語り手の動作である。

現代語訳 出羽の国から陸奥の方面へ行く道中、山中で日が暮れたので、なんとか九十九袋という里にたどり着いて宿を探し求めた。夜通しごとごとものの響く音がしたので、不思議に思い外に出て行って見ると、古寺の広い庭で、年配の男が、麦をついていたのだ。私も、辺りをあてもなくぶらつくと、月が一つの峰の形を逆さに映し、竹林を風が吹き抜け、空気の澄みわたる気持ちのよい夜の景色は言いようもなく美しい。この男は昼の暑さを嫌って、こうして仕事しているようだ。すぐに近寄って、名前は何というのだと問えば、宇兵衛と答える。

涼しい月夜に麦をつくのは、月で餅をつくという兎の兎兵衛さんなのだ。

話がわからない

古文の指示語がわからない

本冊➡73ページ

1 例 和歌を作る能力。

2 例 鞠(まり)の精があらわれたこと。(十二字)

解説

1 ――線部「さらば歌よめ」とは、「(お前が)西行であるならば、歌を詠(よ)め」という意味。直前の文「西行とやらむは聞こゆる歌人なり。」(西行とかいう人は世に有名な歌人である。)にあるように、西行は和歌の名人として有名な僧。宿の主人は、目の前にいる僧が西行だとは信じておらず、「本物なら和歌を上手に詠めるはずだから詠んでみよ」とつめよっているのである。

現代語訳 修行者が一夜の宿をかりたところ、その夜、その宿に盗人が来て牛を盗んだので、宿の主は、この僧を疑って、まさに縄で縛ろうとしたそのとき、「私は西行法師と申す修行僧である。」と名乗ったので、「まさか西行ではあるまい。西行とかいう人は世に有名な歌人である。それなら歌を詠め。」とせめたので、「馬羊猿鶏(とり)犬はそちへ往(い)ねうしとらぬさへ憂(う)き名立つ身に(馬羊猿鶏犬はそちらへ去れ。牛をとってもいないばかりでなく、悪いうわさが立つ身なのだから。)」と詠んだ。

ポイント 古文の指示語のパターンを覚えよう!

2 ――線部「かやうのしるし」の「かやう」は「このような」という意味である。「しるし」は、「しるしをもあらはすばかりにぞ」と続くことから、現れたもの(奇跡)を指す。これは、一〜二行目の「ある年の春、鞠(まり)の精、懸(かか)りの柳の枝にあらはれて見えけり」を指しているので、この部分を字数に従ってまとめる。「鞠の精が姿を見せたこと。」(十二字)としてもよい。

現代語訳 成通卿(なりみちきょう)は、長年にわたり蹴鞠(けまり)を愛好しておられた。そのおかげであったのだろうか、ある年の春、鞠の精が、蹴鞠をする場所の柳の枝に現れた。(それは)少年の髪型をした十二、三くらいの子どもで、青色の中国風の服装で、たいそうかわいらしい様子であった。どんなことでも始めようと思うならば、極意をきわめて、このような奇跡も起こるほどにしたいものだが、このような例は、めったにないことである。

話がわからない
会話文の終わりがわからない

本冊 ➡ 75ページ

1 すべからず

2 （初め）いや危 ～ （終わり）るべし

解説

1 会話部分は「太宗のいはく」の直後から始まるので、終わりの「と」を探しながら読んでいく。すると、最後の行に「といひて」が見つかる。終わりの部分を抜き出して書く場合は、この「と」の直前までを書けばよい。

ポイント 会話部分の終わりには「と」がある！

現代語訳 唐の太宗皇帝は、即位した後、古い御殿にお住まいになっていた。傷んだ部屋に湿気が上がったり、風や露が入り冷え冷えとして、皇帝のお体が害されそうだった。多くの家臣が、新築した方がよいと申し上げると、皇帝がおっしゃるには、「今は農繁期である。（今、建築を始めると）民は、きっと困るはずだ。秋になるのを待ってから建築するべきだ。湿気に害されるのは、地に受け入れられていないからで、風雨に害されるのは、天と調和がとれていないからだ。天地に背いては、生存できるはずもない。民に苦労をかけなければ、自ずと、天地と調和できるはずだ。天地と調和すれば、体を害されることはない。」と言って、古い御殿に住んでおられた。

2 会話部分全体を探す場合は、まず「と（言ふ）」のような会話の終わりの部分を見つけて、それからその内容に沿って始まり部分を探すようにする。

六行めに「と申しければ」とあるので、前にたどると、かぎかっこの書かれている会話部分の後が「御たづねありければ、」となっていて、たずねられたことの返答として『……』と申しければ」と言っているとわかる。始まりはその直後の「いや危ふき程の…」（四行め）である。

現代語訳 大津御代官小野半之助が、酒井忠勝の屋敷にやって来て、「勢田の橋がたいそう老朽化しておりますので、掛け直したいのですがいかがでしょう」と申されたところ、忠勝様がおっしゃるには、「掛け直さないと通行に危険があるのだろうか」とおたずねになったので、「いいえ危険という程のことはございません。長年にわたり修理を施して老朽化し、あまりに見苦しく、この度はやはり掛け直すべきです」と申しあげると、「もってのほかの心得違いである。だいたいにおいて戦国の時代には、橋をはずすか、または焼き捨てて落とすために、自然と新しくなるのだ。平和な時代には数年を経るために老朽化するはずである。特に勢田の橋は、京都へ上る道であるから、（この橋が）老朽化することは御代が静かで落ち着いている証の喜ばしいことなのだ。この後何年たっても、修繕を施すべきである」とおっしゃって、掛け直しは取りやめとなった。

話がわからない　口語訳がニガテ

本冊➡77ページ

1 エ　2 エ

解説

1 「あやしう」は、古文の形容詞「あやし」の連用形。現代語の「怪しい」は、「疑わしい・異様だ」という意味で、古文の「あやし」も同じような意味で使われることもあるが、問題には「不思議だ・神秘的だ」という意味で出てくることが多く、ここでも「水なしの池」という名前のついた池に対して「不思議だ」という意味で用いられている。

古文の言葉の意味を問う問題で、現代語にもあるような言葉が出題される場合には、現代とは異なる意味のほうが答えとなることが多い。

ポイント 現代語とは違う意味をもつ単語に注意！

現代語訳 水なしの池とは、（その名前が）不思議で、どうしてこのような名前がついているのだろうかとたずねると、「（旧暦）五月など、あたり一帯に雨が多く降りそうな年には、この池には水というものがなくなってしまうのだ。」

2 「本意（ほい）なく」は古文の形容詞「本意なし（ほいなし）」の連用形で、現代語の「不本意だ」に近い意味の語。「残念だ」「もの足りない」という意味でもよく出てくる重要語である。

この問題は現代語訳があるので、それを参考に「人の道にそむいている」こととはどんなことかを考えれば「人に本意なく思はせ」ることの意味がわかる。

話がわからない
主題・教訓がわからない

本冊 ➡ 79ページ

1 エ

解説

1 古文の内容を問う問題なので、本来は古文全文の解釈が必要であるが、わかりにくい場合は、最後の部分から考えてみること。

この文章の最後の「鳥類心ありける事と語りぬ」は、鳥類が、人間がするのと同じような算段をして、問題を解決したことに感心しているのである。同じ鳥類である「鶴」と「鷲」が、ここではどのような役割をしているかをおさえることが大切である。

古文の出題文には、筆者のものの考え方や教訓などが、短い文中に語られていて、特に最後の一文にそれが書かれている場合が多いので注意しておくこと。

ポイント 古文では、主題や教訓は最後にあり！

現代語訳 木下なにがしという人が、近臣の者を連れて高い建物に登ってあたりを眺めていると、遥か向こうに松の木があって、梢に鶴に似た鳥が巣を作って、雄と雌が餌を運んで（雛を）育てている様子を、遠眼鏡で望んだが、その松の根もとから、かなり太い黒いものがだんだんと木へ登る様子で、それは大きな蛇の類にちがいない。「すぐに巣へ登って雛をとって食べるにちがいない。あれを止めよ」と、人々が言い騒ぐけれど仕方がない。そうするうちに、二羽の鶴のうち、一羽が蛇を見つけた様子であったが、大空に飛び去ってしまった。「可哀そうにどうしたものか、雛はとられてしまうだろう」と手に汗して望み眺めていると、もはや、あの蛇も梢近く至り、あわやと思う頃、一羽の鷲が遥か遠くから飛んできて、蛇の首をくわえ、帯をぶら下げたふうに空中を引き返していったところ、親鶴もすぐに帰ってきて、雌と雄は巣へ戻り、雛の世話をしたのである。（鶴は）鳥類でありながら、自分の力が及ばないことを悟って、同類の鷲を連れてきた事は、鳥類にも心があったということだと（ある人が）語った。

漢文がニガテ

書き下し文にするのがニガテ

本冊➡81ページ

1 施しを受けては

2 家書を作らんと欲して

解説

1 漢文を書き下し文にする問題では、返り点のきまりを覚えておかなければならない。あまり複雑なものは出題されないので、基本的なものを確実に覚えることが大切。

なお、漢文の書き下し文は古文なので、送り仮名や助詞を書くときに古文の仮名遣いに注意しなければならない。

――線部は「受レ施」と上の字の左下に「レ点」があるので、下の字から先に読んで、一字返って上の字を読む。「②レ①」の順になる。

漢字の右下の片仮名は、その漢字の活用語尾と助詞であるから、平仮名に直して漢字の下につければよい。「施(ほどこ)しを受(う)けては」と訓読できる。この部分は、解説文の「他人から恩恵を受けた時は」に対応しているので確認しておくこと。

ポイント 漢文の書き下し文は古文。仮名遣いに注意！

また、この漢文は、各行とも、上下五字ずつが対句になっていることにも注意しておこう。対句の場合、訓読する順も同じになっていることがある。

ポイント 対句とは対になる内容を並べる技法。

2 問題の漢詩の二行目の下三字は、書き下し文の「意(おも)ひ万重(ばんちょう)」に対応しているから、答える部分は、漢詩の「欲作家書」の四字である。返り点のついている字を飛ばして、まず「家」から読み、次に「一点」のある「書」を読むが、送り仮名はなく助詞「ヲ」が添えられているので「かしょ」と音読みする。「一点」の次は「二点」のついた「作」を送り仮名とともに訓読する。「レ点」のついた「欲」は、一字下の「作」の次にしか読めないので最後になる。この部分は「④レ③二①②一」の順に読む。

漢字の読み方がまったくわからなくても、送り仮名や返り点がついていれば、書き下し文にすることができるので、返り点のきまりを覚えておけばよい。

漢文や漢詩は、漢字ばかりで一見難しそうだが、少し慣れると得点しやすいので、普段から音読して慣れるようにしたいものである。

ポイント 左下に返り点がある字は、きまりにしたがって順序どおりに読む！

俳句がニガテ

俳句の季節を読み取るのがニガテ

本冊➡83ページ

1 エ　2 イ・エ（順不同）　3 エ

4 季語

解説

1 紀貫之（きのつらゆき）の和歌の現代語訳に「立春の今日の風」とあるので、春の風が詠（よ）まれた句を探せばよい。

アの「涼風」は夏の季語。**イ**の「コスモス」は秋の季語。**ウ**の「木枯（こがらし）」は冬の季語。**エ**の「蝶々（ちょうちょう）」は春の季語。よって、春の風の詠まれている句は**エ**だとわかる。

俳句の季語と季節は入試でもよく出題されるので覚えておくことが望ましい。特に、日常の感覚からは季節のわかりにくいものや、俳句に詠まれる季節と感覚にズレのあるものは要注意である。

ポイント 俳句の季語の季節は、現代とは約ひと月ずれている！

2 **ア**は「夕立」が夏の季語。**イ**は「年暮れ」が冬の季語。**ウ**は「菜の花」が春の季語。**エ**は「こがらし」が冬の季語。**オ**は「名月」が秋の季語。よって、正解は**イ**と**エ**。

3 「スケートの……」の俳句の季語は「スケート」で、季節は冬。

アは「雲雀（ひばり）」が春の季語。**イ**は「名月」が秋の季語。**ウ**は「遠花火」が夏の季語。**エ**は「みぞれ」が冬の季語。よって「スケートの……」の俳句と同じ冬の句は**エ**である。

「雲雀」「名月」といった、すぐに季語と思えないような言葉もあるのでまとめて覚えておくことが大切である。

「炎熱」といった耳慣れない言葉が「季語」になっている俳句の例。厳しい暑さの意味で、夏の季語である。

4 俳句には「有季定型」と言って季語を詠みこんだ十七音の詩という原則があるので、俳句を詠む場合は常に季語を意識しなければならない。また、季語は季節感のある動植物や時候の言葉ばかりだと考えがちだが、変わったものもあるので注意が必要だ。

ポイント 季節が限定される言葉は、季語になる！

詩がニガテ

詩の主題がわからない

本冊➡85ページ

1 例 先が見えない状況にあっても、理想を見失わずに生きようとする（二十九字）

解説

1 詩の中に書かれている言葉は、第一連では実際に作者の見ている風景であると考えられるが、第二連ではそれが、作者の心情の比喩として象徴的に描かれている。これを一つずつ解釈していけば、作者の思いを解き明かすことができる。

「心の中の大樹」は、高い理想に向かって生きようとする作者の意志である。そしてそれが「光の消え行くような夕暗に、」「ひっそりと立つ、」とあることから、先の見えない不安な状況にあることがわかる。それでも「正しき生命の影を地上に長く曳(ひ)いて」と、自分が正しいと信じる理想の生き方を見失わずに生きようとする強い意志が表されているのである。

詩の題名にもなっている「大空への思慕」とは、理想を追求する作者の向上心を表す言葉だといえる。

ポイント 表現技法が用いられているところが主題！ ここでは比喩表現に注意して読む。

詩・短歌・俳句がニガテ

表現技法がニガテ

本冊➡87ページ

1 D

解説

1 詩の行末や短歌・俳句の最後を「名詞」（体言）だけの形で終える表現技法を「体言止め」という。句の最後の言葉が名詞かどうかさえわかれば、「体言止め」は見つけられるので、一度覚えてしまえば意外と簡単である。

名詞が述語になる場合には「〜だ」「〜です」「〜なり」などの助動詞を伴うのが通常だが、「体言止め」の場合は名詞だけで終わる。そのため、強調や、余韻を残す効果が出る表現技法となるのである。

名詞は、「〜は」「〜が」にあてはめて主語になるかどうかですべて判断できる。問題のAの短歌の「山」やDの「山山」は見てすぐに名詞とわかる「体言止め」である。

また、動詞の連用形から名詞になった「転成名詞」や、形容詞・形容動詞から変化した名詞もあるので見た目に紛らわしく、これらには注意が必要である。問題のBの短歌の「しづかさ」がそれで、古文の形容動詞「しづかなり」（現代語の「静かだ」）の語幹「しづか」に「さ」がついた形で名詞となったものである。よって、この短歌も「体言止め」である。

問いには、「山頂に立ち、四方に広がる壮大な風景を」とあるので、Dの「槍ヶ岳（やりがたけ）のいただきに来て見放（さ）くる」と内容が一致する。そうすると「大胆な表現」というのが「陸測二十万図九枚の」のことだとわかる。

意外と見つけやすい技法が、体言止め！